FAÇA O QUE DIZ

...E Consiga os Resultados que Você Quer

Eric L. Harvey e Alexander D. Lucia

FAÇA O QUE DIZ

...E Consiga os Resultados que Você Quer

Tradução
ADAIL UBIRAJARA SOBRAL
MARIA STELA GONÇALVES

Revisão da Tradução
MYRIAN RAMSEY
Professora de Espanhol e Inglês,
da Brigham Young University

EDITORA CULTRIX
São Paulo

Título original: *Walk the Talk... and get the results you want.*

Copyright © 1993 Performance Systems Corporation.

Todos os direitos reservados. Nenhuma parte deste livro pode ser reproduzida ou usada de qualquer forma ou por qualquer meio, eletrônico ou mecânico, inclusive fotocópias, gravações ou sistema de armazenamento em banco de dados, sem permissão por escrito, exceto nos casos de trechos curtos citados em resenhas críticas ou artigos de revistas.

A Editora Cultrix não se responsabiliza por eventuais mudanças ocorridas nos endereços convencionais ou eletrônicos citados neste livro.

O primeiro número à esquerda indica a edição, ou reedição, desta obra. A primeira dezena à direita indica o ano em que esta edição, ou reedição foi publicada.

Edição	Ano
9-10-11-12-13-14-15-16	11-12-13-14-15-16-17

Direitos de tradução para o Brasil
adquiridos com exclusividade pela
EDITORA PENSAMENTO-CULTRIX LTDA.
Rua Dr. Mário Vicente, 368 – 04270-000 – São Paulo, SP
Fone: (11) 2066-9000 – Fax: (11) 2066-9008
E-mail: atendimento@editoracultrix.com.br
http://www.editoracultrix.com.br
que se reserva a propriedade literária desta tradução.
Foi feito o depósito legal.

Prefácio

Ken Blanchard

Minha esposa Marjorie e eu há muito tempo defendemos o valor de se fazer o que se diz. Isso parecia muito mais fácil há uma década, quando apenas começávamos uma empresa dedicada a seminários. Contudo, com o enorme crescimento por que a Blanchard Training & Development passou nos últimos dez anos, descobrimos como é difícil praticar diariamente aquilo que se prega.

No campo dos negócios, todos enfrentam os mesmos problemas essenciais: como levar o grupo a agir como uma equipe; como contratar, manter e dirigir pessoas produtivas; como obter maiores lucros; e como ser fiéis à nossa missão, à nossa visão e aos nossos valores.

Por certo existe em todos nós um pequeno dom Quixote. Na nossa vida empresarial, procuramos soluções para os desafios da competição, da redução do volume de negócios, da delegação de poderes, da qualidade e da integridade corporativa. Por vezes surge alguma coisa que nos esclarece a mente e ilumina os nossos caminhos. Alguém olha de uma nova perspectiva as coisas comuns e as transforma em coisas extraordinárias.

Eric Harvey e Al Lucia fizeram exatamente isso com seu primoroso livro *Faça o que Diz*. Quando ler o título, não chegue apressadamente a conclusões. Não suponha que entende o conceito à primeira vista. Na qualidade de proponente veterano das virtudes da delegação de poderes, da integridade e da qualidade, considero *Faça o que Diz* uma experiência que nos faz dizer "heureca!" Ele ajudou a mim e a Marjorie no sentido de nos levar a pôr numa valiosa nova perspectiva as nossas preocupações com a qualidade e a imparcialidade.

Harvey e Lucia usaram uma alegoria mágica para traduzir conceitos difíceis e contradições corporativas em convicções pessoais. Por meio da personagem Clarence, um faxineiro deliciosamente misterioso, eles convidam você a entrar no processo de descoberta pessoal de uma maneira tão delicada que você logo se apresenta como voluntário para a tarefa.

Muito tem sido escrito e dito acerca da atitude de "fazer o que se diz" – e com boas razões. Creio firmemente ser isso a própria essência daquilo que a administração moderna tem de adotar como seu credo preferencial, razão por que queria que este livro fizesse jus ao seu título. Ele faz! É um volume de leitura rápida, um vívido episódio que dura mais ou menos uma hora. E, nas páginas desta iluminada história, há grandes descobertas. Harvey e Lucia nos mostraram como combinar os valores e os ideais com a prática cotidiana.

Faça o que Diz nos pede que olhemos para dentro – para dentro de nós mesmos e para dentro do funcionamento das nossas organizações. Ele nos convida a parar um pouco e fazer um balanço dos nossos recursos. Somos desafiados a cultivar o rico recurso que são as pessoas, suas mentes férteis e seus talentos ocultos. Ele defende a honestidade e a integridade, mas vai ainda mais longe – conclama-nos a ser melhores administradores da nossa vida corporativa e particular.

Faça o que Diz é um livro acerca da concretização das nossas convicções e do enfrentamento das nossas contradições. Sejam a tarefa ou a empresa grandes ou pequenas, há pouca coisa que passou despercebida.

Delegar, conferir poder e tornar suas crenças concretas são parte integrante do trabalho de fazer o que se diz. Convido você a fazer a sua jornada pelas páginas de *Faça o que Diz* e a descobrir o valor deste para a sua própria vida.

Ken Blanchard, co-autor da coleção One Minute Manager, *é presidente da Blanchard Training & Development em Escondido, Califórnia.*

Introdução

Um dos maiores desafios que cada um de nós enfrenta todos os dias consiste em agir de acordo com as nossas próprias crenças e valores. Isso é verdade em todos os aspectos da vida, da família e da religião aos esportes e à política – e o é, especialmente, no campo dos negócios.

A maioria das organizações de hoje *diz* coisas muito bonitas sobre administração. Declarações de missão e crenças operacionais podem ser encontradas em toda a parte: dos *lobbies* corporativos e das salas de palestras aos manuais de treinamento e relatórios anuais. Essas exibições públicas de boas intenções são lembretes daquilo que representamos e daquilo que queremos alcançar. Mas o verdadeiro significado das crenças e valores é medido pelo grau até o qual são praticados em vez de simplesmente aceitos.

Dizer as palavras certas é a parte fácil da coisa. Fazer o que se diz e agir da maneira correta é o duro desafio a enfrentar.

Faça o que Diz pretende ajudar você a compreender e a superar esse desafio. À medida que for lendo, você vai compartilhar as experiências de um novo chefe executivo, chamado Bill Elby, e do seu mestre bastante especial – um faxineiro chamado Clarence. Você vai viajar com eles enquanto confirmam o que tantas pessoas bem-sucedidas nos têm ensinado ao longo dos anos:

*Quando faz o que diz,
você obtém os resultados que quer.*

Eric Harvey
Al Lucia

Agradecimentos

Queremos registrar aqui o nosso agradecimento ao pessoal da Performance Systems por contribuir para um ambiente em que as boas idéias podem "surgir" a qualquer momento.

Faça o que Diz é um livro sobre o valor inerente das pessoas. Ao longo deste projeto, aprendemos muito sobre o compromisso, a cooperação e a dedicação altruísta. Essas qualidades inestimáveis são fundamentais para o sucesso de todo empreendimento substantivo. Assim, do fundo do nosso coração, obrigado, Steve Ventura! Não o teríamos conseguido sem você.

Eric e Al

Os Dentes que Andam

É surpreendente o que se pode aprender com um empregado criativo e com humor inteligente!

Um dia, chegamos ao trabalho e encontramos nas nossas escrivaninhas um brinquedo de corda, os dentes que andam. Eles nos foram dados por um membro da nossa equipe que percebeu a sua significação muito antes de nós.

Brincamos sem parar com aqueles dentes – vendo-os matraquear enquanto iam para a frente e para trás. Eles continuaram a ser apenas uma fonte de prazer humorístico até que nos ocorreu que esses brinquedos simples transmitem uma profunda mensagem.

Por isso, nós os adotamos como o símbolo visual do nosso tema. Esperamos que sempre que os vir ao longo deste livro, você se lembre do quanto é importante para todos nós a atitude do tipo *faça o que diz*.

Sumário

O Ensaio 17

O Valor dos Valores 29

O Conflito das Contradições 43

Fazer o que se Diz Move Montanhas 69

A Visão 97

O Discurso 107

Epílogo 133

Coletânea de Citações 135

O Ensaio

Bill Elby nunca se sentira mais ansioso.

No dia seguinte ele falaria pela primeira vez sobre a situação da empresa aos empregados desde que se tornara chefe executivo da Treeview Industries há um ano.

Ele passara a última semana esforçando-se para encontrar as palavras certas e mostrar que tinha razão o amigo que dissera: "Não se preocupe; você sempre se sai bem em todas as situações."

Não deixando nada entregue ao acaso, ele fora para o auditório vazio da empresa praticar pela última vez o discurso que preparara.

Depois de pôr suas anotações no pódio, Bill deu uma rápida olhada nos assentos vazios à sua frente, respirou fundo e começou:

"Caros companheiros da Treeview, estou feliz com a oportunidade de falar a vocês hoje sobre a nossa empresa. É um verdadeiro prazer para mim dirigir-me a um grupo tão seleto de pessoas. Como vocês sabem, a nossa situação financeira poderia ser muito melhor do que é. Mesmo assim, conseguimos várias realizações significativas no ano que passou. Nós..."

Ele prosseguiu – apresentou a lista de realizações, falou do relatório financeiro um tanto desanimador e fez um esboço de uma reorganização planejada que esperava ser a chave da futura prosperidade da Treeview.

De repente, um ruído vindo do fundo do auditório provocou a abrupta interrupção do ensaio.

— Quem está aí? — perguntou Bill.

— Apenas eu, Clarence, o faxineiro — foi a resposta que veio da escuridão. — Estou aqui para limpar o lugar.

— Siga em frente, Clarence — disse Bill. — Sou Bill Elby. Estou apenas ensaiando meu discurso de amanhã.

— Sim, senhor. Eu sei quem o senhor é. Continue a ensaiar, o senhor não vai me incomodar nem um pouco.

— Que ótimo! — disse, sorrindo, o chefe executivo, que achava muito bom encontrar alguém que aparentemente não ligava a mínima para a sua presença.

Voltando ao seu lugar, Bill continuou:

"Apesar da nossa atual posição financeira, estou otimista com relação ao futuro. Basta vocês analisarem a nossa filosofia e valores corporativos para saber que somos o tipo de organização destinada a ter sucesso. Acreditamos que os nossos funcionários são o nosso recurso mais valioso e que a qualidade é o nosso principal objetivo. Acreditamos no trabalho conjunto para resolver problemas. Acreditamos na tomada de decisões em todos os níveis da empresa. E acreditamos na confiança, no respeito mútuo e numa abordagem de negócios que privilegie a parceria."

A essa altura, Clarence já tinha passado para a parte clara do auditório. Bill pôde ver claramente um sorriso no rosto cansado mas caloroso daquele homem que ele não conhecia. Imaginando se aquele amplo sorriso era uma resposta ao seu discurso, Bill dirigiu-se ao seu público composto de uma só pessoa.

— Você estava ouvindo o que eu dizia, Clarence?
— Sim, senhor, com certeza — respondeu o faxineiro.
— O que você acha? — continuou o chefe executivo. — Refiro-me a esta última parte.
— Belas palavras.
— Você tem razão! Esses são os nossos valores, e eles *são* belas palavras — replicou Bill.
— Palavras pelas quais viver? — provocou com polidez o faxineiro.
— Sem dúvida. Palavras pelas quais viver. Mas por que você pergunta?
— Bem — respondeu Clarence, tirando o boné e enxugando o suor do rosto e do pescoço —, eu estou aqui há um bocado de tempo. Tenho limpado para um monte de gente que tem vindo e ido ao longo dos anos, e já ouvi uma grande quantidade de belas palavras iguaizinhas a essas.
— É porque elas são importantes — disse Bill.
— É por isso que falamos sobre elas, colocamo-las nas publicações da nossa empresa e as espalhamos por toda a parte.

— Entendo — respondeu Clarence. — Mas me parece que palavras são apenas palavras quando não se pode aplicá-las na vida. É preciso *fazer* o que se diz.
— Essas também são belas palavras — disse Bill. — Bem profundas para...
— Para um velho faxineiro? — interrompeu Clarence.
— Sim — disse Bill —, profundas para um faxineiro.
— Bem, acredite ou não — disse Clarence, revelando um lado um tanto irreverente de sua personalidade —, eu não deixo de pensar por trabalhar com uma vassoura.
— Não tive a intenção de humilhá-lo. Só que provavelmente você está muito por fora do que fazemos na empresa todos os dias.
— Creio que o senhor se surpreenderia com o que se pode encontrar quando está recolhendo o lixo. É uma piada de faxineiro! — riu Clarence. — Seja como for, sei muito sobre o que acontece aqui. Talvez mais do que o senhor possa imaginar.
— Aposto que sim — replicou Bill, tentando acalmar o velho homem com mais alguns segundos de atenção. — Diga-me, o que você quer dizer com as palavras "fazer o que se diz"?
— Bem — disse Clarence —, vejamos. O senhor já fez alguma promessa que não cumpriu?

— Claro que sim! Todos, num ou noutro momento, já tiveram uma boa intenção que não realizaram.

— O que o senhor acha que acontece quando não cumprimos algo que prometemos? — perguntou Clarence.

— Obviamente, perdemos confiança e credibilidade. Se isso acontecer vezes demais, as nossas promessas se tornarão sem sentido.

— Também acho — disse Clarence. — E é por isso que se tem de fazer o que se diz. As belas palavras que o senhor falou há pouco são como promessas. As pessoas as lêem e ouvem e ficam esperando que as promessas sejam cumpridas. O problema é se o que vêem na prática for diferente daquilo que ouvem e lêem. É como meu avô costumava dizer: "Quando você quebra uma promessa, o que é quebrado é mais que uma promessa."

Parecendo um tanto perturbado, Bill perguntou:

— Você está dizendo que aqui na Treeview não fazemos o que dizemos?

— Às vezes, as pessoas fazem — respondeu Clarence —, e outras vezes não. Mas uma coisa é certa: o trabalho aqui fica muito mais fácil quando as pessoas FAZEM!

— Então você já viu o que acontece quando fazemos o que dizemos... e quando não fazemos? — perguntou Bill.

— Sim, senhor, com certeza.

Palavras são apenas palavras quando não se pode aplicá-las na vida. É preciso fazer o que se diz.

Tal como a maioria dos chefes executivos, Bill não incluía entre os seus hábitos pedir conselho aos faxineiros. Mas aquela situação de alguma forma era diferente. Olhando nos olhos do velho faxineiro, Bill podia perceber que havia naquele homem algo que ia além das aparências. Ele sentiu um quê indefinível que conteve suas inclinações sarcásticas e o compeliu a ir adiante.

— Suponho que você possa me dar alguns exemplos.

— Com os diabos, posso fazer mais do que isso — disse Clarence. — Se o senhor tiver alguns minutos, posso *mostrar*.

— Na verdade, estou muito ocupado agora — disse Bill, olhando para o relógio. — Realmente não tenho tempo para ir a parte alguma. Tenho de trabalhar no meu discurso.

— Creio que o que tenho para lhe mostrar vai *ajudá-lo* no seu discurso — sugeriu o faxineiro. — Considerando a sua batalha com esse abacaxi a semana inteira, o que o senhor tem de fato a perder?

— Como você soube que eu tenho sofrido com este discurso? — perguntou Bill, cuja curiosidade estava começando a ficar bem aguçada.

— Como eu já disse — respondeu Clarence —, eu simplesmente posso saber mais do que o senhor imagina!

"Pelo que vejo, é verdade", pensou Bill consigo mesmo.

— Aposto que uma caminhada vai lhe fazer bem — continuou Clarence. — Por que o senhor não vem comigo?

— Bem — replicou Bill com relutância —, está certo. Suponho que não tenho muito a perder. Mas só por uns minutos. Não tenho muito tempo.

— Não vai demorar — garantiu Clarence.

Nesse exato momento, Bill escutou um pequeno ruído repetitivo. — O que é isso? — perguntou.

— É apenas o meu relógio — respondeu o faxineiro, tirando um pequeno relógio de ouro do bolso direito da calça. Abrindo a tampa e olhando o mostrador, Clarence prosseguiu: — É hora de darmos aquele passeio.

Bill acompanhou lentamente Clarence até um conjunto de portas no fundo do auditório. Quando eles se aproximaram, as portas se abriram, revelando uma luz quase ofuscante do outro lado. Protegendo os olhos, Bill reconheceu o interior de um elevador.

— Eu não sabia que havia isto aqui — disse ele.

— Não são muitos os que sabem — respondeu Clarence com um ar de certeza. — Olhe onde pisa.

Observando o painel de controle, Bill logo percebeu que não era um elevador comum. — O que é isso? — perguntou, apontando para o painel. — Onde estão os números dos andares?

— Não precisamos de números. Estes botões vão nos levar para onde vamos.

— O que está acontecendo aqui, Clarence? — perguntou Bill. — Este elevador não é igual aos outros, e é evidente que você também não é um faxineiro como os outros!

— Não há nada de especial quanto a mim — respondeu Clarence. — Mas este elevador é bem especial. Ele vai lhe mostrar tudo o que o senhor precisa saber sobre fazer o que se diz. Aperte o primeiro botão e veja por si mesmo.

— Isto é uma loucura. Mas agora tenho de saber onde tudo isso vai parar — disse Bill, enquanto dirigia o dedo para o botão **Fazer o que se Diz Move Montanhas**.

Clarence segurou com delicadeza o braço de Bill para fazê-lo parar. — Por que não começamos por baixo e depois vamos subindo? — sugeriu o faxineiro com um ar amigável.

"Por alguma estranha razão", pensou o chefe executivo, olhando agora nos olhos cintilantes de Clarence, "confio neste homenzinho. Ele sabe alguma coisa, e eu tenho de descobrir o que é."

Então, seguindo a sugestão do faxineiro, Bill apertou o botão de baixo, **O Valor dos Valores**, e as portas do elevador se fecharam.

O Valor dos Valores

As portas do elevador pareceram se reabrir, com a mesma rapidez com que se tinham fechado, para uma pequena sala quadrada sem janelas nem portas. O espaço era impecavelmente branco, onde só havia uma grande porta circular de uma caixa-forte na parede do fundo e uma mesa ocupada por um homem velho usando um uniforme de segurança.

– Não reconheço este lugar – disse Bill. – Onde estamos?

– Estamos no lugar em que descobrimos sobre o *valor dos valores* – respondeu Clarence com um sorriso. – É aqui que começa a nossa jornada.

Saindo do elevador, Bill começou imediatamente a examinar a sala em busca de indícios que pudessem explicar por que ele estava ali e o que aquele faxineiro, que parecia influenciá-lo com tanta facilidade, de fato sabia.

– O que é aquilo? – perguntou ele, apontando para o depósito.

— Uma caixa-forte — respondeu Clarence.
— *Isso* eu já sei — replicou Bill. — O que há *dentro* dela?
— Preciosidades — disse Clarence. — É a caixa em que as preciosidades da empresa são guardadas. As coisas preciosas são demasiado preciosas para serem deixadas em qualquer lugar. O senhor não concorda?
— Acho que sim — respondeu Bill, sem querer admitir que não tinha idéia do que o faxineiro estava falando ou mesmo de que a Treeview tivesse uma tal caixa. — E quem é o sujeito atrás da mesa?
— É o velho guarda — respondeu Clarence. — Ele está aqui há mais tempo do que eu.
— O que ele faz exatamente?
— Ele vigia a caixa e impede as pessoas de tirarem as preciosidades. Ele vem fazendo isso nos últimos quarenta anos. Esse velho guarda está muito acostumado a agir de uma determinada maneira.
— Deixe para lá! — disse o chefe executivo, que passava rapidamente de um estado de curiosidade para uma condição de irritação. — Veja, Clarence, vim a esta sala e vi o guarda e a porta da caixa-forte. O que isso significa?
— Eu ia justamente falar disso — respondeu Clarence com um dos seus sorrisos tranqüilizadores. — O importante não é o guarda nem a porta, mas o que está *atrás* da porta. Vamos ver com os nossos próprios olhos.

Clarence fez sinal para que Bill o seguisse até o fundo da sala. Enquanto se aproximavam da porta, Bill perguntou: — Como vamos entrar lá? Parece-me que a caixa está trancada.

— Tudo o que o senhor tem a fazer é girar o disco de acordo com a combinação e abri-la — respondeu o faxineiro.

— Que combinação? — questionou Bill. — E o que você me diz sobre o guarda?

— Não se preocupe com o velho guarda. Quase sempre é possível passar por ele quando ele não está olhando. Além disso, o senhor *é* o chefe. Pode entrar aqui a hora que quiser. Quanto à combinação, ela vai estar no seu discurso.

— Do que você está falando? — desafiou Bill.

— Creio que isso vai ficar bem mais claro em um segundo, sr. Elby. Por agora, por que o senhor simplesmente não usa a data em que vai fazer esse discurso como combinação?

Enquanto procurava alcançar o disco da caixa-forte, Bill começou a questionar sua própria sanidade mental. "O que estou fazendo?", perguntava ele a si mesmo. "Segui este velho que nem conheço. E agora estou tentando abrir uma caixa-forte que nunca vi com uma combinação que simplesmente é a data de amanhã."

— Tudo bem — garantiu Clarence com um gesto de estímulo. — Vá em frente.

— Bem, seja o que Deus quiser — respondeu o chefe executivo —, já que estou mesmo aqui... Vejamos, o discurso é amanhã, 15 de fevereiro. Acho que é dois à direita, quinze à esquerda e noventa.. à direita.
— Isso mesmo — confirmou Clarence.
Bill girou os números e baixou a alavanca. Para seu espanto, a porta se abriu alguns centímetros, e os dois homens foram recebidos pelo som e pelo odor do ar bolorento que escapou da caixa.

— Funcionou! — exclamou Bill.
— Muito bem! — replicou Clarence. — Agora vamos ver o que tem dentro.
Lentamente, Bill abriu a porta, que descobriu ser tão pesada quanto grande. Olhando para dentro, ele viu armários, prateleiras e mesas.
— É apenas uma caixa-forte! — disse o presidente com um óbvio desapontamento.
— O senhor estava esperando alguma outra coisa? — inquiriu Clarence.
— Considerando o que eu já vi até agora: você, o elevador e esta sala, imagino que uma verdadeira caixa-forte era a *última* coisa que eu esperava encontrar. — Fazendo uma pausa por um momento, Bill disse: — Bem, vamos entrar e ver o que quer que haja aí para ver.
— Vou segui-lo de perto — disse Clarence enquanto acompanhava Bill pela porta.

— Meu Deus, como o ar está ruim aqui! — disse o presidente quando se aproximava do meio da caixa-forte.

— Sim, com certeza! — concordou Clarence. — O único momento em que há ar fresco aqui é quando alguém abre a porta. Acontece que isso é muito raro.

Enquanto Clarence falava, Bill começava a examinar o interior da caixa-forte. Numa prateleira, ele percebeu várias caixas com o rótulo "Relatórios Anuais Que Mencionam Valores". Outra prateleira estava ocupada por uma pilha das declarações de valores da Treeview em belas molduras de madeira. No chão, no canto, havia uma caixa marcada "Seções de Valores Para Manuais de Treinamento".

A atenção de Bill por fim se concentrou numa mesa que estava no centro da caixa-forte. Havia algo sobre essa mesa, mas estava coberto por um pedaço de pano.

Ele ficou imaginando o que seria aquilo enquanto levantava a ponta do pano para dar uma espiada. Seus olhos se arregalaram quando ele viu o que estava ali.

— Santo Deus! — exclamou Bill ao retirar por inteiro o pano da mesa. — Olhe só para isso!

No meio da mesa havia uma pilha de barras de metal amarelo

— Então o senhor encontrou o que viemos ver aqui — disse Clarence.

— Se isso for o que penso ser — disse o presidente —, os problemas da nossa empresa se acabaram.

— O que o senhor pensa que é? — perguntou o faxineiro.

— Ouro! — disse Bill. — Isto é ouro... e deve valer uma fortuna!

— Sim, senhor — confirmou Clarence —, claro que vale uma fortuna. Por que o senhor não olha mais de perto essa fortuna?

Seguindo a sugestão do faxineiro, Bill se inclinou para examinar as barras e descobriu que, em cada uma delas, havia uma inscrição. Ele leu a primeira inscrição em voz alta: "Acreditamos que os nossos funcionários são o nosso recurso mais valioso". Leu a segunda: "Acreditamos que a qualidade é o nosso principal objetivo". E a terceira: "Acreditamos no trabalho conjunto para resolver problemas".

— Isso lhe parece familiar? — perguntou Clarence.

— Claro que sim! — respondeu Bill. — Essas são as declarações de valores da Treeview. São as mesmas que temos penduradas nos escritórios, as mesmas que estou usando no meu discurso.

— Eu sabia que o senhor iria reconhecê-las.

— Mas de onde vieram estas barras?

— A minha melhor hipótese — disse Clarence — é que vieram de todas as pessoas que trabalham aqui.

— Não compreendo.

— Talvez eu possa esclarecer fazendo-*lhe* uma pergunta — propôs o faxineiro. — O senhor acredita que haja um tesouro dentro de cada pessoa?

— Sem dúvida alguma! — disse Bill. — Que pessoa seria eu se não acreditasse nisso?

— Então, o que o senhor supõe que o ouro seja?

Olhando para as barras, Bill pensou por um momento e respondeu: — Valores?

— Valores! — confirmou Clarence.

— Então você está dizendo que os valores são o ouro que há em cada um de nós. Eles são a verdadeira fortuna da nossa organização.

— Ao que parece, *o senhor* está dizendo isso — replicou Clarence —, e acho que desde o início o senhor já sabia disso. Afinal, o seu discurso fala de valores.

— Sim, incluí os nossos valores no discurso — concordou Bill — porque sabia que eles são importantes. Mas tenho de admitir que nunca os vira de fato como uma *fortuna* até agora.

— Excelente! — exclamou Clarence. — Veja que já aprendemos alguma coisa.

— Talvez sim — replicou Bill —, mas há uma coisa que realmente me intriga.

— O que é? — disse Clarence.

— Por que cargas d'água esta fortuna está fechada aqui quando podia ter um uso tão bom na empresa?

— Boa pergunta — reconheceu Clarence. — Na verdade, essa é *a* pergunta.
— E qual é *a* resposta? — provocou o chefe executivo.
— A resposta é a combinação — respondeu o faxineiro. — Algumas pessoas não têm a combinação. Outras têm, mas a esquecem quando estão ocupadas. E quando não se sabe entrar na caixa-forte, não se pode pegar a fortuna e distribuí-la.

Então, colocando uma das mãos no ombro de Bill, Clarence prosseguiu: — Talvez *o senhor* possa fazer que essa fortuna seja distribuída.

— Mas não é isso que estávamos fazendo quando emolduramos as declarações de valores e as colocamos em todos os escritórios? — perguntou Bill.

— Não acho — replicou Clarence. — Quando se pensa sobre essa fortuna, essas molduras são como esta caixa-forte. Embora se possa ver a fortuna, ela ainda está trancada. E ainda se precisa da combinação. É aí que entra o seu discurso.

— Não percebi — disse o confuso presidente. — Você me disse que a combinação estará no discurso que vou fazer amanhã. Mas eu ainda não compreendo o que isso significa. Qual *é* a combinação? Como conseguimos essa fortuna?

— *Fazendo o que dizemos* — revelou Clarence.
— Conseguimos o ouro fazendo o que dizemos.

Os valores são o ouro
que há em cada um de nós.

Eles são a verdadeira
fortuna da nossa
organização.

— Lá vem você de novo com essa conversa de "fazer o que se diz" — queixou-se Bill. — Que relação há entre essas coisas?

— Bem, há uma fortuna aqui nesta caixa, certo? — explicou Clarence.

— Certo! — concordou Bill. — Você pode ver com seus próprios olhos.

— Então, se tudo o que fizermos for falar sobre ela ou mostrá-la às pessoas, que bem ela vai nos fazer?

— Quase nenhum — respondeu Bill. — Para que os recursos tenham valor, é preciso que os usemos.

— Creio que essa é a relação que o senhor está procurando — disse o faxineiro. — Temos de *usar* a fortuna para que ela nos faça algum bem.

— Assim, quando *falamos* sobre valores — concluiu Bill —, estamos apenas sentados sobre uma fortuna. Quanto mais os praticamos, tanto maior a quantidade de ouro que tiramos da caixa. Tem de ser essa a mensagem que viemos procurar aqui. E a combinação que supostamente está no meu discurso tem de ter relação com a *prática* dos valores.

Clarence confirmou a descoberta de Bill apenas com um sorriso.

Os dois homens ficaram ali olhando um para o outro, ofuscados pelo brilho da descoberta do presidente. De repente, Bill ouviu outra vez uma série de ruídos repetitivos.

— Parece que é hora de continuar a nossa caminhada — sugeriu Clarence, enquanto retirava seu relógio de bolso e olhava o mostrador. — Há outras coisas que precisamos ver.
— Você quer dizer que há mais? — perguntou Bill.
— Muito mais! — respondeu o faxineiro.
Bill seguiu Clarence até o lado de fora da caixa-forte. Apenas eles haviam saído, a enorme porta se fechou e se trancou.
— Aquela porta — observou Bill — simplesmente se fechou sozinha!
— Espantoso, não é? — disse Clarence, tirando um pano vermelho do bolso de trás e limpando rapidamente a porta da caixa antes de ir embora.
— Espantoso e pouco! — disse o presidente. — A propósito, como você sabia o que estava dentro dela?
— Eu já estive lá algumas vezes — respondeu Clarence, agora se dirigindo ao elevador. — Mesmo uma fortuna pode acumular poeira se se deixar.

Quando fazemos uma promessa, temos de cumpri-la.

Bill consultou seu relógio quando passava pelo velho guarda e se aproximava das portas do elevador. O que viu o fez parar como se estivesse pregado no chão. — É a mesma hora em que entramos no elevador! — exclamou.

— Sim, é — confirmou o faxineiro com seu eterno sorriso. — Eu prometi que não ia demorar. E quando fazemos uma promessa, temos de cumpri-la. Por falar nisso, talvez devêssemos ver o que mantém a fortuna trancada naquela caixa-forte.

Bill continuou a olhar para o relógio enquanto seguia Clarence até o elevador.

– Senhor Elby – disse Clarence delicadamente.

– Desculpe – disse Bill, saindo de um estado semelhante a um transe. – O que você estava dizendo?

– Por que não descobrimos o que mantém aquela fortuna trancada na caixa-forte? – repetiu Clarence. – Tudo bem. Vá em frente e aperte o próximo botão.

Ainda pensando no que acabara de ocorrer, Bill observou que suas mãos eram atraídas para o painel de controle como o aço por um ímã. Ele apertou o segundo botão, e as portas do elevador se fecharam.

O Conflito das Contradições

Dessa vez, as portas se abriram imediatamente para o mais longo e mais estreito corredor que Bill já vira. Sair do elevador era como entrar num túnel frio e escuro. Ali, só havia paredes, chão, teto e uma porta apenas visível do lado aposto.

— Onde estamos agora? — perguntou Bill. — E tão escuro aqui. É o porão?

— Não exatamente — respondeu o faxineiro. — Mas é o ponto mais baixo a que podemos chegar.

Como nunca gostara de túneis escuros, Bill tomou o cuidado de ficar um passo atrás de Clarence enquanto andavam. Depois do que pareceu uma interminável caminhada, eles chegaram à porta. Uma placa pendurada ali indicava e descrevia o local da próxima experiência de aprendizagem de Bill: MUSEU DAS CONTRADIÇÕES CORPORATIVAS.

— Aqui vamos ver o que mantém o ouro escondido naquela caixa-forte — explicou Clarence ao virar a maçaneta e abrir a porta.

Acompanhando o faxineiro pelo portal, Bill viu-se numa sala quase tão grande quanto o auditório onde estivera praticando o seu discurso. As paredes e o chão estavam cheios de caixas com vidro e de peças de museu. Cada caixa era iluminada por um refletor.

— O que são estas coisas?

— Bem — respondeu Clarence —, a placa na porta diz que são contradições, mas eu as chamo de "fazer outras coisas inconscientemente".

— "Fazer outras coisas inconscientemente"?

— Veja. É quando dizemos uma coisa mas inconscientemente *fazemos outra*. Ao menos na maioria das vezes isso é inconsciente.

Em vez de perguntar outra vez a Clarence sobre o conteúdo do museu, Bill resolveu descobrir por si mesmo. Tomando a frente, dirigiu-se às peças exibidas à direita e parou diante da caixa mais próxima à entrada do museu. Esse primeiro item – que era apenas uma pequena amostra de coisas por vir – chamou de imediato a sua atenção. Ali, pendurada na parede, havia uma cópia ampliada de uma matéria de jornal de dois anos atrás. A manchete dizia: DIRIGENTES DA TREEVIEW OBTÊM REMUNERAÇÃO INCOMPATÍVEL COM A CRISE. O artigo descrevia como o antecessor de Bill e seus auxiliares diretos receberam grandes bonificações no final do ano por manterem a empresa viva durante um período financeiramente ruim.

– O que o senhor vê aqui? – perguntou Clarence.

Como sempre fora sensível à questão da recompensa dos executivos, Bill reconheceu de imediato a contradição: – Parece que meus antecessores fizeram cortes em tudo, menos em sua própria remuneração.

– Com efeito! – concordou o faxineiro.

– Mas eles salvaram a companhia – racionalizou Bill. – Não estaríamos aqui se eles não o tivessem feito.

– Eles fizeram tudo sozinhos?

– Claro que não. Todos tiveram de se sacrificar para fazer que seus planos funcionassem.

— Mas os outros não ganharam nada — acrescentou Clarence. — E todos sabem disso.
— Compreendo o problema! — exclamou Bill.
— Neste caso, creio que o senhor *herdou* o problema — disse Clarence compreensivamente.
— Há muitos exemplos como esse aqui?
— Tudo o que está aqui representa uma contradição de uma ou de outra maneira — respondeu Clarence. — Mas a maioria não é tão evidente quanto essa. É por isso que lhes dei o nome "fazer outras coisas *inconscientemente*". É preciso pensar sobre certas coisas que há aqui para poder entender. O exemplo seguinte é muito bom.

Indo sala adentro, Bill encontrou uma caixa de vidro quadrada, de 60 por 60 cm. Dentro dela havia um pequeno pedestal onde estava um clipe de papel.

— Onde está o *display*? — perguntou o presidente. — Só vejo aqui um clipe de papel.
— É isso mesmo! — replicou Clarence. — O clipe de papel é o *display*.
— Agora vejo o que você quer dizer ao falar de coisas não-evidentes. O que significa o clipe? Qual a relação dele com as contradições?
— Fiquei me perguntando a mesma coisa na primeira vez que o vi. Mas então descobri que o clipe tem *tudo* que ver com as contradições. O senhor sabe quantas pessoas têm de aprovar a compra de uma caixinha desses clipes, e quanto tempo se leva até consegui-los?

— Não tenho a mínima idéia. Não uso muito do meu tempo para tratar de clipes de papel.

— Bem, a resposta é: *duas* — revelou o faxineiro. — Está dito bem ali do lado da caixa. Duas pessoas para aprovar e duas semanas para consegui-los. Se são duas aprovações e duas semanas para clipes de papel, dá bem para imaginar o que é preciso para outras coisas.

— Mas precisamos controlar despesas.

— Compreendo. Mas um dos nossos valores fala na tomada de decisões em todos os níveis da empresa, incluindo os mais baixos. Talvez seja nestes que os verdadeiros controles de custo devem estar. Do contrário, teremos...

— Uma contradição — interrompeu Bill.

— Uma contradição! — confirmou Clarence enquanto os dois se afastavam da caixa e continuavam seu passeio pelo museu.

A próxima peça a atrair a atenção de Bill foi uma caixa de metal vermelha rotulada CAIXA DE FERRAMENTAS DOS SUPERVISORES. — O que há aí? — perguntou.

— Vamos ver — sugeriu Clarence. — Vá em frente e abra a caixa.

Bill abriu o trinco e levantou a tampa. — Está vazia! — exclamou. — Não há nada dentro dela.

— Naturalmente que está vazia — confirmou o faxineiro. — O que o senhor supõe que isso signifique?

— Imagino que a mensagem seja que os supervisores nem sempre têm as ferramentas de que precisam para fazer o seu trabalho.

— Parece que isso pode ser um grande problema — afirmou Clarence. — Quando se quer que o trabalho seja feito, é preciso ter as ferramentas certas. Ou a pessoa as tem quando é contratada ou a empresa tem de dá-las a ela. Mas tenho visto muitos supervisores andando por aqui com caixas de ferramentas vazias. Eles fazem o melhor que podem, mas poderiam fazer muito melhor.

— Diga-me, Clarence, que tipo de ferramentas *você* acha que alguns supervisores deviam ter?

— Ferramentas compatíveis com as pessoas, principalmente. Os supervisores têm de ser capazes de falar com as pessoas e tratá-las da maneira indicada pelos nossos valores. É como nos esportes: eles precisam ser bons técnicos e ajudar as pessoas a dar o máximo de si. E eles precisam conhecer o modo certo de tratar com as pessoas que não trabalham como deveriam. Creio que eles podem conseguir essas ferramentas em programas de treinamento.

— Isso é muito interessante — replicou Bill —, porque eu recebo constantes queixas dos gerentes que dizem que estamos gastando uma fortuna em treinamento. Eles sentem que estão sempre na sala de aula, e não no trabalho.

— Bem — disse Clarence —, talvez eles estejam recebendo o tipo errado de treinamento. E talvez o treinamento não seja tudo. O que sei é que se os supervisores não tiverem as ferramentas de que precisam, estaremos diante de outra contradição.

— Porque esperamos que eles façam um trabalho, mas não os preparamos para isso.

— Sim, senhor. E isso não faz muito sentido. Não permitiríamos que uma pessoa operasse uma máquina a não ser que soubesse. Mas às vezes deixamos que pessoas, que não sabem como, supervisionem outras. Essa provavelmente *não* é a melhor maneira de tratar daqueles valores que consideramos o "nosso recurso mais valioso". O que o senhor acha disso?

— Acho que estou começando a entender o significado desta sala — disse o chefe executivo suavemente. — Gostaria de ver mais.

— Eu tinha a esperança de que o senhor dissesse isso — disse Clarence com um gesto de aprovação. — Acho que a próxima peça é bem interessante.

Prosseguindo e passando para a esquerda, os dois homens pararam diante de um batente que sustentava uma porta entreaberta. No meio da porta havia uma placa de metal com a gravação: A PROVERBIAL POLÍTICA DA PORTA ABERTA.

— Espere um minuto — disse Bill num tom contrariado. — Eu tenho um verdadeiro problema com isso. Uma política de porta aberta é um convite para que os funcionários discutam seus problemas e preocupações com a administração. É uma grande idéia baseada em boas intenções. Como poderia isso contradizer os nossos valores?

— Ela não contradiz — respondeu Clarence.

— Então por que isto está aqui? — questionou Bill.

— Acho que o meu avô tinha a resposta — sugeriu o faxineiro. — Ele costumava dizer: "Julgamo-nos principalmente pelas nossas intenções, mas os outros nos julgam principalmente pelas nossas ações." Veja bem, a idéia ou a intenção da porta aberta não é o problema. O problema é o modo como essa idéia é usada. A contradição é o que está do outro lado da porta. Por que não vemos o que está ali?

Bill subiu na plataforma e abriu completamente a porta. O que ele viu o deixou atônito. — Não há nada aqui! — disse ele. — Não há luzes, não há paredes, nada. É uma passagem para lugar nenhum!

— Com toda a certeza! — confirmou Clarence. — Não há *nada* do outro lado dessa porta aberta. É possível ver agora a contradição?

Julgamo-nos
principalmente pelas
nossas intenções,
mas os outros
nos julgam principalmente
pelas nossas ações.

— Isso implica que a nossa política da porta aberta não passa de um gesto bonito; que não há realmente uma comunicação aberta, nem um verdadeiro processo de solução conjunta de problemas. Não acredito que isso aconteça em todos os casos!

— Parece que não é preciso que aconteça em todos os casos para ser uma contradição. Temo que muitos funcionários vejam essa porta aberta tal como ela está aqui.

— Isso explica por que tão poucas pessoas a usam de fato — concluiu Bill.

— O senhor quer dizer que não é porque as pessoas simplesmente não têm problemas? — perguntou o faxineiro com um ar maroto.

— Não, Clarence. Acho que essa não é bem a explicação que você daria. Compreendo a contradição que há aqui.

— Eu estava apenas testando. — O sorriso caloroso do velho homem sugeria que ele estava realmente satisfeito com o progresso de Bill.

Depois de parar diante de mais algumas peças e de ver mais contradições, Bill teve a atenção atraída para a peça que ocupava quase toda a parede do fundo do museu. Ele viu ali outra caixa de vidro que abrigava uma variedade de pequenos itens. Na parede, acima da caixa, havia um grande placar eletrônico, o tipo de placar que há em qualquer campo ou quadra de esporte. Mas, em vez dos rótulos usuais, os "pontos" eram exibidos sob as categorias NÓS e ELES.

– Deixe-me adivinhar – propôs o presidente. – Isso descreve a síndrome do "nós contra eles".

– Não sei muito sobre síndromes, mas com certeza há alguns exemplos de como "fazer outras coisas inconscientemente" aqui. Dê uma olhada na caixa.

Os primeiros itens que Bill viu ao olhar pelo vidro foram duas pequenas placas de metal: ESTACIONAMENTO EXCLUSIVO DA ADMINISTRAÇÃO e SALA DE REFEIÇÕES DA GERÊNCIA.

— O que vemos aqui? — testou Clarence, apontando para as placas.

— Obviamente — respondeu Bill num tom um tanto defensivo —, trata-se de mordomias. São exemplos dos poucos privilégios que vêm com a responsabilidade da posição. É uma pequena compensação pelas longas horas que muitos de nós dedicamos ao trabalho sem sermos remunerados por isso.

— Então, depois de uma rápida pausa, Bill virou a mesa: — E *você*, o que vê?

— Bem, vejo privilégios e tenho a certeza de que vocês merecem. Mas vejo também *contradições*. Não são os estacionamentos nem as salas de refeições em si; é o que eles representam.

— O que você quer dizer?

— Bem — replicou Clarence —, o senhor se lembra da última linha de todas aquelas molduras penduradas nas paredes de todos os lugares?

— Claro que sim. Nossas declarações de valores terminam com as palavras "estamos nisto juntos". — No instante em que deu essa resposta, Bill sorriu. Então, percebendo que caíra na trapaça do esperto velho faxineiro, o presidente continuou: — E você não pode dizer às pessoas que estamos nisto juntos e ainda ter benefícios especiais para uns poucos, certo?

— Eu não teria dito melhor — cumprimentou-o o faxineiro.

"De certo modo, eu acho que ele teria", pensou Bill ao passar para a esquerda a fim de examinar um pouco mais a peça *nós contra eles*. Na extremidade da caixa, ele encontrou uma cópia de um relatório escrito para a administração em que eram descritas atividades relativas a queixas, arbitragem de questões e litígios de um dos anos passados. As informações estavam divididas em duas categorias principais: as que constituíam uma "vitória" da empresa e as que constituíam uma "vitória" dos empregados.

– Não se dê o trabalho de me perguntar o que vejo, Clarence. A contradição não podia ser mais clara. Dizemos que somos uma equipe, mas comportamentos como este dizem que somos, na realidade, adversários.

– Temo que sim – concordou o faxineiro. – Meu velho avô também entendia dessa contradição. Ele me ensinou que as pessoas ouvem o que dizemos, mas vêem o que fazemos. E ver é crer.

– Seu avô deve ter sido um homem muito sábio. Suas palavras por certo se aplicam a mim.

– Como pode ser?

– Estou vendo – respondeu Bill –, e definitivamente estou começando a acreditar.

E, com isso, Clarence incitou Bill a ver mais exemplos de como "fazer outras coisas inconscientemente".

As pessoas ouvem o que
dizemos, mas vêem
o que fazemos.

E ver é crer.

O incômodo de Bill crescia pouco a pouco à medida que mais peças revelavam mais contradições.

Ele viu um alvo de papel com um buraco de bala fora dos anéis. Esse "tiro que não atingiu o alvo" simbolizava o processo de avaliação de desempenho anual geral da Treeview. Tratava-se de um processo que se concentrava nos resultados da produção e no atingimento de metas, mas não conseguia realimentar significativa e sincronizadamente o trabalho em equipe, a qualidade, a capacidade das pessoas e muitas das questões importantes mencionadas nas declarações de valores da empresa.

Outra peça apresentava uma contradição flagrantemente óbvia. Numa caixa de vidro contendo uma peça de metal na qual estava gravada a expressão DELEGAÇÃO DE PODERES, havia também uma relação de centenas de decisões vinculadas com o trabalho que tinham sido tomadas nos últimos anos sem que se recebessem dados dos empregados ou se permitisse o seu envolvimento.

E a coisa não tinha fim: peça após peça, contradição após contradição. Os exemplos de *não* fazer o que se diz pareciam infinitos.

Então Bill deparou com um item que atraiu sua mais séria atenção. Ele aprendera que todas as coisas do museu eram ao menos figurativamente reais. Esperava, no entanto, que essa peça espantosa fosse uma exceção. No canto da sala havia uma guilhotina.

— Meu Deus! — exclamou o chefe executivo ao contemplar a enorme torre de madeira com a lâmina levantada. — O que faz isso aqui?
— Assustador, não é? — disse Clarence.
Olhando mais de perto, o presidente percebeu uma inscrição na lâmina: ADMINISTRAÇÃO DO DESEMPENHO.
— Isso sugere que nossa abordagem de administração do desempenho equivale a cortar a cabeça das pessoas!
— Temo que sim — confirmou Clarence. — Ao menos em alguns casos.
Bill ficara realmente triste diante do comentário do faxineiro. "Como pode ser?", ele pensou. "Isso se opõe diametralmente aos nossos valores." Ele interrogou literalmente Clarence para obter mais informações, da perspectiva do faxineiro, sobre essa evidente contradição. As respostas que obteve foram tão perturbadoras quanto a própria visão da guilhotina.
— Penso o seguinte — começou Clarence. — Quase todos aqui fazem um bom trabalho. E quando se faz um bom trabalho, fica-se sozinho.
— O que há de errado nisso? — perguntou Bill.
— Não devemos incomodar os empregados quando eles fazem o que esperamos.

— Não estou falando de incomodar as pessoas — respondeu Clarence. — Estou falando de *se* importar *com* as pessoas. Parece-me que se deveria ser elogiado quando se faz um bom trabalho, além de receber ajuda para se fazer um trabalho ainda melhor da próxima vez. Foi o que tentei fazer quando fui técnico do time do meu filho. Mas isso nem sempre acontece aqui. Não se incomodar com as pessoas é o mesmo que ignorá-las. E isso equivale a cortar-lhes a cabeça.

— Mas nós temos prêmios formais de reconhecimento por realizações especiais — alegou Bill.

— Sim, senhor, temos. Mas isso se aplica em especial a coisas excepcionais — contrapôs Clarence. — Estou falando do bom trabalho cotidiano. Imagino que algumas pessoas não o considerem importante. Mas eu com certeza considero.

Depois de uma breve pausa para permitir que Bill ponderasse sobre o que fora dito, Clarence prosseguiu: — Às vezes, não nos incomodamos com pessoas que têm problemas até que os problemas fiquem imensos. E adivinhe o que acontece então.

— Somos obrigados a impor disciplina — respondeu o presidente.

— Exato! O pessoal é advertido, censurado e, eventualmente, demitido sem direitos. É mais ou menos como quando um garoto faz alguma coisa errada. Ele é censurado e mandado para o quarto sem jantar. Veja bem — conclui Clarence —, algumas vezes, seja o que quer que façamos, nossas cabeças vão rolar. E tudo o que acontece na empresa tem repercussões sobre o resto.

— Assim — replicou Bill após um momento de reflexão —, contradizemos inconscientemente os nossos próprios valores quando punimos o nosso mais importante e valioso recurso.

Clarence apenas assentiu com a cabeça. Nenhuma outra resposta parecia necessária.

— O que mais precisamos ver aqui? — perguntou Bill.

— Só mais duas coisas.

— Graças a Deus! Não creio que eu pudesse agüentar muito mais — disse o presidente enquanto seguia Clarence até a peça seguinte.

Eles pararam diante da peça com a etiqueta A FORÇA DAS PERCEPÇÕES. Ali, Bill viu uma grande fotografia do complexo Treeview acima de uma pequena mesa. Sobre a mesa havia vários pares de óculos.

— Olhe só esta foto — solicitou Clarence. — O que o senhor vê?

— O prédio da administração e a fabrica — respondeu Bill. — O que eu devo ver?

Sem responder, Clarence pegou um par de óculos da mesa e o passou para Bill. — Por que o senhor não tenta com estes?

Pondo os óculos, Bill viu uma foto bem diferente e um tanto chocante.

— O que vê agora? — inquiriu Clarence.

— Vejo arame farpado, barras nas janelas e torres. É a foto de uma prisão!

Bill logo tirou os óculos e começou a inspecionar a armação. Ele encontrou uma inscrição que dizia PERSPECTIVA DO EMPREGADO.

Antes que o chefe executivo pudesse dizer uma palavra, Clarence deu-lhe outro par de óculos. — Tente estes — sugeriu o faxineiro. — A armação está marcada "perspectiva do cliente".

Trocando de óculos, Bill revelou: — Vejo agora uma fortaleza. É um castelo cercado por um grande fosso cheio de jacarés. E a ponte levadiça está levantada. Não há como chegar ao interior do castelo.

— Tenho a impressão de que a nossa empresa parece diferente para diferentes pessoas. Há mais óculos aqui, e cada um deles vai mostrar uma fotografia diferente.

— Será que todos os empregados e clientes vêem a empresa assim?

— Alguns — respondeu Clarence. — E outros a vêem de um modo completamente distinto.

— E como sabemos o que todos eles vêem?

— Na maior parte do tempo, não sabemos. Acho que é porque não nos damos o trabalho de perguntar. Às vezes perguntamos, mas não fazemos nada com aquilo que as pessoas nos dizem. Em ambos os casos, a mensagem que transmitimos é de que isso não tem nenhuma importância para nós.

— Outra contradição — concluiu Bill.

— E das grandes — confirmou Clarence.

Acompanhando Clarence até a última área do museu, Bill ia ficando cada vez mais abatido sob o peso de todas as contradições que já vira.

— Vou precisar de alguma ajuda com esta última — sugeriu o faxineiro enquanto os dois homens passavam para um quarto identificado por um letreiro metálico tridimensional: OS SANTIFICADOS ARCOS DOS PROGRAMAS FRACASSADOS.

Entrando no quarto, Bill teve a atenção atraída imediatamente para uma placa na parede: PROGRAMAS DO ANO. Abaixo da placa estava uma série de iniciativas patrocinadas pela empresa — relacionadas de acordo com o ano em que tinham sido implementadas. A relação parecia "uma súmula" dos empreendimentos um dia populares na área de recursos humanos. O programa do ano anterior fora um esforço de melhoria da segurança chamado *Segurança Já*. O de dois anos antes introduziu os *Círculos de Qualidade*. E o de três anos antes era *Administração por Objetivos*.

— Parece que tudo aqui foi uma boa idéia que simplesmente nunca funcionou — falou Clarence. — Sempre que vejo as pessoas falarem sobre essas coisas, eu as ouço começar com a expressão "o que terá acontecido com ..." O que o senhor supõe que isso significa?

Passando de aluno a professor, Bill recorreu à sua experiência gerencial para responder à pergunta do faxineiro. — Os programas geralmente fracassam por uma de duas razões — ele explicou. — Ou já eram desde o início uma má idéia ou eram boas idéias inadequadamente utilizadas. Como estas são basicamente boas idéias, o problema deve ter estado no modo como foram implementadas.

— Então é aí que as contradições devem estar — concluiu Clarence.

— Provavelmente. A maioria dos programas dessa relação aconteceu antes de eu chegar aqui. Imagino que tenham sido desenvolvidos por grupos administrativos e entregues aos gerentes sem que fossem ouvidas as pessoas encarregadas de fazê-los funcionar. Se foi isso o que ocorreu, esses programas estavam fadados ao fracasso antes mesmo de começarem. E isso é ruim demais, porque aposto que gastamos uma fortuna para pô-los em prática.

— Sem dúvida nenhuma, meu caro — confirmou Clarence. — Lembro-me de toda a pompa e circunstância que cercaram o lançamento de cada um desses programas. Talvez eles tenham empregado neles o tipo errado de fortuna. É possível que precisassem da espécie de fortuna que está na caixa-forte.

— De fato! — disse uma voz vinda do canto da sala. Olhando na direção do som, Bill viu uma mulher corpulenta de uns sessenta anos usando uma viseira verde. — Sou Catherine — disse ela. — Sou encarregada das contradições corporativas. Dirijo este lugar e posso dizer que tudo o que o senhor falou é verdade.

— Olá, Catherine — disse o chefe executivo, estendendo a mão. — Sou Bill Elby. Imagino que também dirijo este lugar.

— Eu sei quem o senhor é — replicou a rude embora agradável personagem. — Clarence está levando o senhor para dar uma olhada?

— Uma olhada *e* uma escutada.

— Ótimo. Eu mesma lhe mostraria tudo, mas estou me preparando para um novo programa do ano. É um dos bons e deve chegar a qualquer momento. Vou colocá-lo bem ali no canto.

— Que programa é esse? — perguntou o presidente.

— Chama-se PQT... isto é, *Processo de Qualidade Treeview*.

— O quê? — exclamou Bill. — Espere um minuto. O processo de qualidade foi idéia minha. É minha cria!

— Puxa! — disse Catherine. — Lamento ser a mensageira, mas *sua cria* parece preencher nossos critérios de programa do ano. Se as coisas não mudarem, ele logo estará chegando por aqui. — Então, sentindo que Bill estava prestes a matar o mensageiro, Catherine se desculpou educadamente e se apressou a voltar ao trabalho.

— Como pode ser? — pensou Bill. Embora fosse duro aceitar o que Catherine dissera, bem no seu íntimo ele sabia que não havia razão para duvidar da validade de sua mensagem.

— Acho que esta última atingiu de fato a mosca — observou Clarence.

— Mais do que você poderia imaginar.

— Bem, pelo menos acabamos — consolou Clarence. — Será que isso tudo ajudou a explicar por que aquela fortuna permanece trancada na caixa-forte?

— Não poderia ter explicado melhor — respondeu Bill olhando para o chão. — A fortuna se mantém trancada quando o nosso comportamento está em contradição com os nossos valores, quando não fazemos o que dizemos, como o mostram todos esses exemplos.

— Sem sombra de dúvida! — exclamou Clarence, tentando animar o presidente. — Estou orgulhoso do senhor.

— Agradeço, mas esta experiência foi muito depressiva. Eu sabia da existência de algumas dessas coisas, mas só agora comecei a vê-las como contradições. Não há nada no mundo que me faça falar sobre valores no discurso que farei amanhã depois de ter visto isto.

— Não se preocupe — disse o otimista faxineiro. — Ainda não acabamos. Vimos somente as más notícias. Mas também há boas notícias...

Clarence foi interrompido pelo ruído repetitivo agora familiar. Então, pondo a mão no bolso direito da calça, ele continuou: — Precisamos ver as boas notícias. É hora de seguirmos.

O faxineiro foi na frente, na direção do portal do museu.

Enquanto caminhavam, Bill pensava no que acabara de ver. — O que vou dizer amanhã? — imaginava ele. — De que maneira posso dar às pessoas a combinação da caixa-forte e mostrar-lhes como pegar o ouro se nem eu tenho certeza sobre o modo como fazê-lo? — Ele estava tão perdido em pensamento que nem percebeu que a porta do museu dava diretamente no elevador. O longo e sombrio corredor desaparecera.

— Chegou a hora de apertar o botão de cima — disse o faxineiro, apontando para o painel de controle do elevador.

— O que aconteceu? — perguntou Bill depois de mais alguns segundos de imersão em pensamentos.

— Por que o senhor não aperta o botão de cima, aquele que o senhor queria apertar quando começamos?

— Finalmente! — exclamou Bill. — Espero que as notícias sejam tão boas quanto você diz. Eu poderia usar algumas agora mesmo. — Com isso, ele pressionou o botão **Fazer o que se diz Move Montanhas**. E, como ele se acostumara a esperar, as portas do elevador se fecharam.

Fazer o que se Diz
Move Montanhas

Bill sentiu que sua experiência seguinte seria muito mais positiva no momento em que as portas do elevador voltaram a se abrir.

À sua frente havia uma ampla sala cheia de pessoas bastante produtivas realizando tarefas bem diferentes. Algumas se ocupavam de máquinas, enquanto outras estavam sentadas a escrivaninhas. Algumas trabalhavam com clientes, e outras, com ferramentas. Mas todas elas tinham uma coisa em comum: pareciam tão luminosas e alegres quanto a própria sala.

Estava muito claro que alguma coisa especial acontecia ali, e o presidente mal podia esperar para descobrir o que era.

Ao sair do elevador, Bill percebeu uma mudança drástica em suas roupas. Olhando para si mesmo, ele descobriu que usava um uniforme de faxineiro igualzinho ao de Clarence. – Espere um pouco – disse ele, pegando o faxineiro pelo braço. – O que aconteceu com minhas roupas?

— Eu esqueci de lhe falar sobre isso — respondeu Clarence. — Creio que o senhor vai achar mais fácil ver as coisas se for um de nós. Assim, ninguém vai reconhecê-lo. Além disso, as pessoas não dão muita atenção a faxineiros.
— Mas como eu consegui estas...
— Não se preocupe com as roupas — interrompeu Clarence. — O senhor logo terá sua gravata de volta. Por agora, aproveite a liberdade e olhe ao seu redor. Há muita coisa para ver. — E, dando uma olhada em Bill o faxineiro acrescentou: — A propósito, o senhor está muito bem de roupa cáqui.
— Ora, obrigado — disse o presidente sarcasticamente. — Acredito que isto não seja mais estranho do que as outras coisas que aconteceram hoje.

Depois disso, Bill voltou a concentrar a atenção na sala. O que observou literalmente tirou-lhe o fôlego. Para onde quer que olhasse, ele via OURO. Barras de ouro, como as que vira na caixa-forte, estavam empilhadas em escrivaninhas, prateleiras, máquinas e no chão. E a luz emanada de todas aquelas barras banhava tudo e todos de um caloroso matiz dourado.

— Onde estamos? — perguntou Bill. — Que lugar é este e quem são estas pessoas?
— O pessoal que trabalha aqui dá-lhe o nome de "Departamento do Sucesso" — respondeu Clarence. — Todos aqui têm a combinação. Todos fazem o que dizem.

— Todos? — inquiriu o chefe executivo.
— Sim, senhor, todos! — confirmou o faxineiro.
— Chefes e chefiados. E é isso o que os torna tão bem-sucedidos.
— Qual é exatamente o seu grau de sucesso?
— Veja por si mesmo — sugeriu Clarence, apontando para uma série de gráficos de produtividade pendurados na parede.
— Eles ultrapassam todas as medidas — disse Bill assombrado. — Se esses números estiverem certos, elas devem ser as pessoas mais produtivas que eu já vi.
— Também acho — acrescentou o faxineiro. — Esses números estão certos. Estas pessoas *são* produtivas... e são tão entusiasmadas quanto produtivas.
— Tudo isso é resultado de se fazer o que se diz?
— Certamente!
— Então acho que não entendi totalmente. De que maneira praticar os nossos valores leva à produtividade? E ao entusiasmo?
— É na verdade muito simples quando se pensa nisso — sugeriu Clarence. — Boas coisas acontecem quando você faz com que essas boas coisas aconteçam!
Bill fez uma pausa e replicou, num tom exasperado: — A última coisa de que preciso agora é de um jogo de palavras!

— Isso nada tem de jogo de palavras — garantiu o faxineiro. — A meu ver, os valores que pomos em molduras são boas coisas, não são?

— Claro que são — confirmou Bill.

— Então, se assegurarmos que as pessoas realmente os concretizem, por que não deveríamos esperar que boas coisas aconteçam?

— O outro lado disso é igualmente verdadeiro — continuou Clarence. — Se as pessoas não fazem as coisas de acordo com esses bons valores, por que *devemos* esperar que boas coisas aconteçam?

— Não há nenhuma razão — replicou Bill. — Em ambos os casos.

— Exatamente!

— Tudo isso começa a se encaixar — reconheceu o presidente. — Os nossos valores são boas coisas, nosso ouro corporativo. Mas eles ficam trancados na caixa-forte até que os pratiquemos de fato. E muitas vezes fazemos inconscientemente coisas que nos impedem de tirar o ouro de lá. Foi o que vi no museu.

— Certo!

— Mas quando praticamos esses valores, boas coisas acontecem.

— Viva o bom senso! — disse Clarence.

— E que história é essa de que todas estas pessoas têm a combinação? — continuou Bill. — Onde elas a conseguiram?

Boas coisas acontecem quando você faz com que essas boas coisas ACONTEÇAM!

— Principalmente com três pessoas — respondeu Clarence. — Karen, Willie e Mike.
— Quem são eles?
— Karen Cooke é a gerente. Todos a chamam de "By-the-Book" [Siga as Regras] Karen Cooke. E há o supervisor, "Say-Do" [Siga o Plano] Willie LaRue. E "Golden Rule" [Siga os Valores] Mike O'Toole é um excelente trabalhador. Karen, Willie e Mike são muito responsáveis por compartilhar a combinação com todos os que trabalham aqui.
— Suponho que esses apelidos signifiquem alguma coisa.
— Claro que sim — confirmou Clarence. — Eles não são apenas apelidos, mas pistas.
— Pistas para a combinação? — perguntou o presidente.
— Sim — disse o faxineiro —, pistas para a combinação. Há muito a aprender com esses profissionais sobre fazer o que se diz. Vamos começar por Karen Cooke.

"By-the-Book" Karen Cooke

Clarence levou Bill a uma porta aberta no fundo da sala. — Este é o escritório de Karen — disse ele, indicando uma escrivaninha vazia.
— Onde ela está? — perguntou Bill.
— Provavelmente lá fora, trabalhando com o pessoal. É lá que ela costuma ficar.
— E o que há de tão especial em Karen? — inquiriu o presidente. — Há quanto tempo ela trabalha aqui e qual a sua formação?
— Acho que vamos descobrir tudo o que precisamos saber sobre ela aqui dentro.
Quando entravam no escritório, Bill percebeu uma placa na parte anterior da escrivaninha. Ela dizia: BY-THE-BOOK KAREN COOKE.
— Por que eles a chamam assim? — perguntou ele.
— Porque é assim que ela faz tudo: seguindo as regras.
— Esse não é exatamente o apelido mais lisonjeiro para se ter — sugeriu Bill. — Dizer isso normalmente implica inflexibilidade.
— Bem, ela é bem inflexível quando se trata das regras. Mas se o apelido é lisonjeiro ou não, é algo que depende das *regras* de que se está falando, o senhor não acha?

— E de que regras estamos falando?

— Destas aqui — respondeu Clarence, apontando para as declarações de valores da Treeview cuja moldura estava pendurada na parede do escritório de Karen. — *Estas* são as regras que ela segue.

Então, apontando para a outra moldura, Clarence prosseguiu: — E eis a combinação pessoal dela.

Olhando para esta última moldura, Bill leu as cinco regras simples de Karen Cooke para se fazer o que se diz.

— Então estes são os segredos de Karen para conseguir todo esse ouro? — perguntou Bill.

— Sim — replicou o faxineiro. — Mas na verdade não são segredos. Ela os compartilha com todos. E, o que é mais importante, ela segue essas regras o tempo todo.

— Como você sabe?

— Ouvi as pessoas falarem e vi com os meus próprios olhos.

— Como você parece saber tanto sobre isso, talvez possa me explicar as regras de Karen — exigiu Bill.

FAZER O QUE SE DIZ
(Comportamento "Siga as Regras")

1. COMEÇO COMIGO

2. ENCONTRO OUTROS QUE ACREDITEM

3. MOSTRO-LHES COMO FAZER

4. TORNO-OS RESPONSÁVEIS

5. DIGO "BOM TRABALHO" A QUEM FAZ UM BOM TRABALHO

– Vou tentar – respondeu Clarence. – Vamos ver a primeira regra: *Começo comigo*. Quando se trata de fazer o que se diz, ela sempre começa consigo mesma. Ela dá o exemplo. Karen nunca espera que as pessoas ajam de uma certa maneira a não ser que ela o faça antes. Descobri que sua palavra favorita é "checar". Ela checa tudo o que faz e toda regra que cria com os valores da Treeview *antes* de agir. Se as ações ou as regras não forem compatíveis com os valores, ela busca maneiras diferentes que o sejam. Simples, não é?

– Muito interessante – disse o chefe executivo. – Continue.

– Certo. Veja a regra dois: *Encontro outros que acreditem*. Quando precisa contratar pessoas, Karen faz um grande esforço para encontrar quem sinta que os valores da empresa são realmente importantes. Karen percebe que os valores são a chave do sucesso e deseja que as pessoas que trabalham para ela sejam bem-sucedidas. Uma coisa é certa: quem quiser ser promovido aqui tem de acreditar nas regras e se comportar de acordo com elas!

– Quer dizer que a compatibilidade com os valores é um dos seus critérios de seleção e promoção – resumiu o presidente.

— Sim, de fato — disse Clarence, sorrindo —, mas eu o teria dito de maneira compreensível.

— Desculpe! Continue, por favor. Fale-me da regra três... de maneira compreensível.

— A terceira regra de Karen é *Mostro-lhes como fazer*. Ela não é só uma boa chefe; é também uma boa professora. Ela passa muito tempo mostrando às pessoas como trabalhar de acordo com as regras. E cada vez que o faz, ela lhes dá um pouco de ouro. Karen faz que todos os programas de treinamento a que o seu pessoal vai ensinem coisas compatíveis com os valores da empresa; e ela fala sobre isso com eles em sua volta, para que entendam a relação. Além disso, ela tem ajudado os supervisores a desenvolver suas próprias regras de fazer o que se diz.

— Evidentemente, ela é uma gerente bastante competente — reconheceu Bill.

— Todo mundo que trabalha aqui certamente concorda com isso. Mas — continuou o faxineiro —, onde eu estava? Ah, sim, na regra quatro. Essa regra diz: *Torno-os responsáveis*. E é aqui que se vê o grande valor de Karen. Para ela, não basta apenas obter resultados; é preciso alcançá-los de acordo com os valores... de acordo com as regras.

— Assim, os *meios* para chegar aos fins são tão importantes quanto os próprios fins — esclareceu Bill.

— Pode apostar! — confirmou Clarence. — Na verdade, Karen costuma dizer: "Quanto melhores os meios, tanto melhores os fins." Quando chega a hora das avaliações ou promoções, ela analisa o que você fez *e* como fez. E ela sempre faz que as pessoas saibam o que ela espera e qual a sua avaliação delas. É muito engraçado.

— O que é engraçado?

— O fato de Karen ter descoberto que todas as pessoas aqui têm a mesma expectativa dela: o que quer que você faça, faça de acordo com as regras.

— Deixe-me dar um palpite sobre a última regra — ofereceu-se Bill. — *Digo "bom trabalho" a quem faz um bom trabalho.* Desconfio que Karen cuida bem das pessoas que atendem às suas expectativas. Ela acredita que boas coisas devem acontecer a pessoas que fazem boas coisas. E ela provavelmente faz que essas coisas boas aconteçam!

— Muito bem! — exclamou Clarence. — A propósito, adivinhe o que Karen também descobriu.

— O quê?

— Quanto mais coisas boas ela faz pelas pessoas, tanto mais coisas boas elas fazem em troca.
— Imagino que seja verdade que o comportamento reforçado se repete — concluiu o presidente.
— Acho que sim — concordou Clarence. — E tudo é feito de acordo com as regras.
— Então é por isso que Karen tem tanto sucesso. Eu certamente gostaria de conhecê-la.
— Num certo sentido, o senhor já a conheceu, pois sabe o que é importante para ela. E saber isso é conhecê-la. Por outro lado, é provável que ela esteja ocupada agora. Tenho certeza de que ela está em algum lugar fazendo o que diz.

Então, apontando para um homem que vinha em sua direção, Clarence continuou: — Mas *há* alguém que trabalha para Karen que o senhor *pode* conhecer. É "Say-Do" Willie LaRue. É o supervisor. Deixe-me apresentá-lo.

"Say-Do" Willie LaRue

– Oi, Willie – disse Clarence, cumprimentando o supervisor, que se aproximava. – Quais são as novas?

– Muitas, Clarence – disse Willie, apertando a mão do faxineiro. – Como vai você?

– Bem, obrigado.

– Isso é ótimo.

– Willie, tem alguém aqui que eu queria que você conhecesse. Este é Bill. Ele é novo aqui.

– Alô, Bill! – exclamou o supervisor. – Bem-vindo ao time. Em que posição você joga?

Sentindo que Bill não tinha certeza sobre como responder, Clarence se antecipou a ele: – Ele faz limpeza. Bill é da limpeza.

– Bem, sempre podemos usar boas pessoas nessa posição. É um prazer tê-lo aqui.

– Muito obrigado – respondeu o presidente, que não fora reconhecido. – É bom estar aqui.

– É uma pena que não possa ficar para conversar um pouco mais – desculpou-se Willie –, mas eu tenho um encontro com o pessoal. O tempo deles é importante. Além disso, quando se diz alguma coisa, é bom fazê-la! É preciso seguir o plano de jogo.

— Compreendo — replicou Bill. — Prazer em conhecê-lo, Willie.

— Igualmente, Bill!

— Willie parece um grande sujeito — disse Bill.

— Ele é o melhor — confirmou Clarence. — Ele costumava jogar beisebol semiprofissional. Foi assim que ele ganhou seu apelido. Você ouviu falar da história de Babe Ruth, que apontava para uma posição e então completava o circuito acertando um golpe na posição para a qual tinha apontado?

— Sem dúvida.

— Bem, Willie costumava fazer isso o tempo todo. Ele dizia o que ia fazer e então fazia.

— E por que diabos ele parou de jogar? — perguntou o presidente.

— Simplesmente porque já não conseguia fazê-lo. E Willie tem uma regra básica: *se não é capaz de fazer, não o diga. E se não é capaz de dizê-lo, nem entre no jogo.* É por isso que ele parou de jogar beisebol e veio ser supervisor aqui. Ele descobriu que gosta mais de ser técnico do que gostava de jogar. E Willie é um grande técnico.

— Por que sempre faz o que diz que vai fazer?

— Com certeza! — respondeu Clarence. — E porque ele sempre segue o plano de jogo.

— O que você quer dizer com plano de jogo? — perguntou Bill.

— Quando Willie jogava beisebol, ele sempre tinha um plano de jogo. Eles concebiam o que cada jogador precisava fazer e o modo como todos precisariam trabalhar juntos para vencer. Uma vez que refletiam sobre o plano e tinham certeza de que era bom, a única coisa que restava fazer era *segui-lo*. Quanto mais seguiam o plano, mais ganhavam. É por isso que continuavam a fazê-lo.

— Bem, qual é exatamente o plano de jogo de Willie? — questionou Bill. — Quer dizer, como supervisor?

— Ele o mantém em sua mesa — disse Clarence. — Vamos dar uma olhada.

Clarence levou Bill até uma mesa no meio da sala e pegou uma pasta marrom com a inscrição PLANO DE JOGO.

— Está aqui — disse Clarence, passando a pasta a Bill. — Veja com os seus próprios olhos.

Bill abriu a pasta e descobriu que Willie LaRue tinha sua própria combinação pessoal para a caixa forte.

Se não é capaz de fazer,
não o diga.
E se não é capaz de dizê-lo,
nem entre no jogo.

— O que você sabe sobre o plano de jogo de Willie? — perguntou Bill.

— Sei que ele sempre o segue — respondeu Clarence. — E sei que funciona. Basta olhar por aí para saber.

— O que ele quer dizer com *jogue de acordo com as regras*? O que as regras têm que ver com valores?

— Para Willie, os valores são parte das regras da empresa. Ele diz que nós não os teríamos nem falaríamos sobre eles se não esperássemos que as pessoas os *seguissem*. Sua concepção das regras é muito simples: ou as estamos seguindo ou as estamos violando. Não há muita coisa entre essas duas posições.

— Faz pouco tempo que percebi a grande verdade disso — confessou Bill.

— Willie afirma que jogar de acordo com as regras significa indicar quando alguém não as está seguindo — continuou o faxineiro. — Ele diz a Karen quando os planos desta não correspondem aos valores e espera que todo o seu pessoal faça o mesmo com ele.

— Então Willie acha que *todos* são responsáveis por se fazer o que se diz — concluiu o presidente.

O PLANO DE JOGO
(Comportamento "Siga o Plano")

1. JOGUE DE ACORDO COM AS REGRAS

2. NÃO ESPERE QUE ALGUMA OUTRA PESSOA FAÇA TODAS AS JOGADAS

3. PREFIRA A REGULARIDADE A BELAS JOGADAS RARAS

4. TRATE TODOS COMO A PEÇA MAIS IMPORTANTE DA PARTIDA

5. DEIXE QUE TODOS SEGUREM A TAÇA

— Pode apostar. Mas quando a questão é a responsabilidade, Willie sempre olha primeiro no espelho. Isso explica sua segunda regra do plano de jogo: *não espere que alguma outra pessoa faça todas as jogadas*. Veja que Willie desenvolveu seu plano de jogo sozinho. Ele não esperou que Karen fizesse um para ele. Ele o submeteu a ela para ter certeza de estar no caminho correto, mas o fato é que ele não esperou. Willie diz que parte do trabalho do supervisor é conceber coisas. E se Willie diz isso, você pode apostar suas economias que ele fará isso!

— E sua terceira regra — prosseguiu Bill —, *prefira a regularidade a belas jogadas raras*?

— Willie me explicou isso há muito tempo — disse Clarence. — Quando jogava, ele aprendeu que se ganham mais jogos mantendo a regularidade do que fazendo algumas jogadas extraordinárias. Ele descobriu que isso também se aplica à função de supervisor. Para Willie, fazer o que se diz significa realizar inúmeras pequenas tarefas de acordo com os valores todos os dias, e não uma coisa extraordinária um vez ou outra

— Então as pequenas coisas *de fato* têm grande importância?

— Sem sombra de dúvida. Além disso, não se podem fazer grandes coisas todos os dias. Se, de fato, levarmos a sério a idéia de se fazer o que se diz o tempo todo, teremos de nos concentrar nas pequenas coisas.

— De que tipo de pequenas coisas você fala?

— Da maneira como falamos às pessoas, de nosso modo de conduzir reuniões e de ouvir o que os outros têm a dizer. Da forma como tratamos as pessoas quando o seu trabalho é bom *e* quando ele não o é. Do tipo de exemplo que damos. Essas são as pequenas coisas a que Willie dá atenção.

— Isso explica sua quarta regra: *trate todos como a peça mais importante da partida* — concluiu o chefe executivo.

— Muito bem — elogiou o faxineiro. — Uma das declarações de valores penduradas na parede diz que os funcionários são o nosso recurso mais importante. Willie não apenas acredita nisso como *se comporta* de acordo com isso! Ele trata todos como se tivessem condições de ser superastros. E ele vê o seu trabalho como uma forma de ajudá-los a chegar ao estrelato. Foi isso o que seu técnico de beisebol fez por ele. Acho que o modo de Willie agradecer ao seu técnico é transmitir isso aos outros e ensiná-los a fazer o mesmo.

— E o que você me diz da última regra? Eu não entendo o que significa *deixe que todos segurem a taça*.

— Fale com Willie e ele lhe dirá que vencer é um esporte coletivo. Ninguém pode consegui-lo sozinho. Que diabo, até atletas em esportes individuais têm técnicos, treinadores e outras pessoas que os ajudam. Para Willie, o trabalho em equipe é *tudo*. Ele tem uma excelente atitude: seu pessoal não trabalha para ele; é Willie quem trabalha para eles. Sua principal tarefa é ajudar as pessoas a ser bem-sucedidas. Ele ganha quando a equipe ganha. E, quando isso acontece, ele faz que todos participem da glória. Todos podem segurar a taça!

— Isso é muito admirável — comentou Bill.

— Todos aqui o admiram — admitiu Clarence. — Especialmente o pessoal que ele supervisiona. E é fácil ver por que eles o fazem.

Então, dando a Bill um cartão, Clarence prosseguiu: — Eis outra pessoa que todos admiram. — O cartão dizia:

Golden Rule Mike O'Toole
Mestre em Compatibilidade

"Golden Rule" Mike O'Toole

— Acho que já entendi o que ele faz — afirmou Bill. — Mike trata as pessoas da maneira como deseja ser tratado. Certo?
— Certíssimo. Mike já está aqui há dois anos, e ele definitivamente segue os valores.
— Isso é uma grande qualidade. Se mais pessoas seguissem essa diretriz simples, o mundo seria um lugar muito melhor para se viver.
— Sem dúvida — concordou o faxineiro.
Bill examinou o cartão e disse: — O que é isto sob o nome dele? "Mestre em Compatibilidade"?
— É o título de Mike. Willie deu a ele.
— E o que significa? — perguntou Bill.
— Significa que ele faz o que diz — explicou Clarence. — Ele se esforça muito para ter certeza de que tudo o que faz tenha compatibilidade com os valores da empresa.
— Eis aí um funcionário que *tenho* de conhecer!
— Bem que eu gostaria — respondeu Clarence —, mas ele não está aqui hoje. Está em treinamento.
— Que programa ele está seguindo? — perguntou Bill.
— Ele não está seguindo. Ele está dando aulas!
— Isso é muito interessante. O que ele está ensinando?

— Sua combinação. Ele está mostrando a algumas outras pessoas como *ele* chega ao ouro.
— E qual poderá ser essa combinação?
— Está no verso do seu cartão. Vire-o.
Seguindo a instrução de Clarence, Bill virou o cartão e encontrou a combinação de Mike O'Toole.

> 1. Dê tudo aquilo que espera receber
> 2. Tenha grandes expectativas

— Mike diz que ganhamos o direito de esperar que os outros façam coisas quando fazemos pessoalmente essas coisas — continuou Clarence. — Se esperamos que a administração siga os valores, temos de segui-los nós mesmos. Do contrário, seremos hipócritas. E Mike *odeia* apaixonadamente os hipócritas.
— A maioria das pessoas também — acrescentou Bill. — Mas diga-me, Clarence, o que Mike faz especificamente para fazer o que diz? Ele tem uma lista de regras como Karen? Ou um plano de jogo como Willie?

— Nada tão detalhado assim. Na verdade, o que ele mais tem são grandes expectativas.
— Grandes expectativas?
— Sim. Ele sabe que quanto mais espera, mais tem de dar. Quando está falando com os clientes, com os companheiros ou mesmo com os patrões, ele pensa em como gostaria de ser tratado. E então trata os outros dessa maneira. Ele se assegura de fazer o que diz tendo a expectativa de que os outros façam o mesmo.
— Isso quase parece muito simplista — contestou Bill. — Isso funciona no mundo real?
— Ouço muitas vezes a expressão "mundo real". Parece-me que o mundo real nada mais é que um conjunto de ações. Se as pessoas dizem que algo não funciona no mundo real, talvez o digam porque simplesmente não estão fazendo esse algo. Se eu preferir fazer alguma coisa diferente, e eu faço isso bastante, chegará o momento em que isso vai se tornar o mundo real. Eu ao menos penso assim.
— Bem, creio que você está certo — disse Bill, depois de ponderar sobre as palavras de Clarence.
— E isso é uma coisa que você vem dizendo em todos os lugares aos quais me levou. Os nossos valores só se tornam parte do mundo real quando fazemos o que dizemos. Quando não o conseguimos, as pessoas ficam ouvindo uma coisa mas vendo outra bem diferente. O que elas *vêem* é seu mundo real, e elas reagem de acordo com isso.

— Sabe de uma coisa? — perguntou Clarence.
— O que é?
— Acho que o senhor está pronto para fazer aquele discurso.
— Talvez. Mas eu não me incomodaria de ficar um pouco mais para observar o pessoal minando mais ouro.
— Não se preocupe. Acho que o senhor vai encontrar estas pessoas outra vez. Além disso — continuou Clarence, tirando o barulhento relógio do bolso —, já é hora de irmos embora.

Voltando ao elevador, Bill percebeu que não havia outros botões para pressionar no painel de controle.

— Como saímos daqui? — perguntou ele. — Já usei todos os botões.
— Experimente o de cima outra vez — sugeriu Clarence.

Confiando completamente na instrução do velho faxineiro, o presidente apertou o último botão sem hesitar.

Enquanto as portas do elevador se fechavam, Bill esticou o pescoço para dar uma última olhada naquele lugar tão especial.

A Visão

Quando as portas do elevador voltaram a se abrir, Bill pôde perceber que retornara ao auditório vazio da empresa, onde estivera praticando seu discurso. Ele saudou o ambiente familiar com um suspiro de alívio e de desapontamento. Estava feliz por finalmente chegar a um lugar que conhecia, mas também triste ao perceber que sua estranha mas memorável jornada estava aparentemente chegando ao fim.

— Clarence — disse o presidente ao sair do elevador com seu terno e gravata de sempre —, esta foi uma das mais estranhas experiências da minha vida.

Nenhuma resposta se seguiu à observação de Bill.

Passado um momento de silêncio, ele olhou em volta e descobriu por que o faxineiro não respondera. Não havia ninguém ali. Clarence desaparecera junto com as portas do elevador.

– Mas que coisa! – exclamou Bill, enquanto passava os dedos pela parede do auditório, procurando desesperadamente o elevador que não estava ali.

– Clarence! Onde está você? – disse ele olhando em torno do salão vazio. Mais uma vez, não houve resposta. – Vamos, Clarence, você estava aqui um segundo atrás. Você *estava* aqui..., não estava?

O único som que Bill escutou foi o eco abafado de suas próprias palavras. Então, tentando voltar aos eixos, ele olhou para o relógio. Exatos sessenta segundos tinham se passado desde que entrara pela primeira vez no elevador, se é que ele entrara em algum elevador.

– Será possível que eu tenha imaginado tudo isso? – perguntou-se o presidente, que começava a duvidar não só de toda a experiência como da própria sanidade. – O que de fato aconteceu durante esse minuto perdido?

Como não encontrasse respostas na sala, Bill retornou ao pódio, pegou suas anotações para o discurso e foi para o escritório.

— Como foi o ensaio? — perguntou a assistente administrativa de Bill quando o chefe executivo passou pela sua mesa.
— Foi...
— Foi o quê? — perguntou ela.
— Foi estranho, Maria — disse ele com um olhar vazio. — Muito estranho.
Bill passou pela assistente, que se levantou de imediato e o seguiu até o escritório.
— Você está bem? — perguntou ela.
— Sim, Maria, estou — respondeu ele. — Obrigado por perguntar. Eu apenas tenho muito em que pensar agora.

Quando Maria se foi, Bill sentou-se pesadamente na cadeira e começou a remexer em suas anotações. Após alguns segundos gastos na separação de papéis, ele as abandonou, voltou a sentar-se à escrivaninha e começou a relembrar o que acontecera no auditório. Fechando os olhos, Bill viu claramente a imagem de Clarence e ouviu a primeira das muitas lições profundas do faxineiro:

*"Palavras são apenas palavras
quando não se pode aplicá-las na vida."*

Bill repetiu mentalmente essa cena várias vezes. Quando por fim abriu os olhos, estava olhando diretamente para a moldura na parede do escritório que continha as declarações de valores da Treeview. Levantando-se da cadeira, caminhou devagar pelo escritório, retirou o quadro da parede e levou-o consigo de volta à escrivaninha.

O presidente leu metodicamente cada um dos valores da Treeview. Enquanto lia, percebeu que o reflexo da luminária de metal dava ao quadro e ao seu conteúdo uma tonalidade amarela-clara. Ele pensou de imediato na caixa-forte e se recordou das palavras que ele mesmo dissera:

"Os valores são o ouro que há em cada
um de nós... Eles são a verdadeira
fortuna da nossa organização."

"A combinação", pensou Bill, depondo o quadro outra vez. "Tenho de dar a combinação às pessoas!" Então, fechando novamente os olhos, tentou recordar-se da última parada de sua jornada: aquele lugar animado e produtivo em que todos tinham a combinação, onde todos faziam o que diziam. Mas a imagem que ele viu não era a mesma de que se lembrava. Os rostos e lugares eram diferentes, eram reais! Bill via pessoas que reconhecia em lugares reais da Treeview fazendo um trabalho verdadeiro da Treeview junto a clientes de carne e osso da Treeview. Todos estavam engajados no que faziam e resolviam os problemas juntos. Em toda parte, a confiança e o respeito mútuo eram evidentes. Eram tomadas boas decisões por pessoas que de fato faziam o trabalho. E todos tinham interesse no sucesso da empresa.

Essa foi a visão de Bill para a Treeview. Era um lugar cheio de pessoas como Karen Cooke, Willie LaRue e Mike O'Toole, pessoas que tinham como prioridade número um fazer o que diziam. Era uma nova cultura corporativa fundamentada no princípio intemporal da reciprocidade: tudo o que acontece na empresa tem repercussões sobre o resto.

O que Bill via não era uma utopia. Havia imperfeições. Tratava-se, no entanto, de uma empresa com pessoas que se dedicavam incansavelmente às poucas diretrizes simples que apareciam enquadradas em molduras de madeira. *Era uma coisa* factível, e ele sabia que era o seu trabalho, ao lado dos gerentes e supervisores da Treeview, conduzir todos por esse caminho. "Isso é, afinal, o que os líderes fazem", pensou ele.

Então, o chefe executivo teve a melhor visão de todas. Foi do seu segundo discurso sobre a empresa um ano depois. Ele viu a si mesmo relatando impressionantes aumentos de produtividade e lucratividade da Treeview, resultado de um esforço empresarial total no sentido de se fazer o que se diz. Os funcionários se aplaudiam mutuamente em reconhecimento por uma reviravolta tão bem-sucedida. Tratava-se de um quadro que realmente valia a pena saborear.

De repente, os pensamentos do chefe executivo foram interrompidos pela campainha do telefone. Era o gerente de instalações ligando para confirmar os arranjos para o discurso do dia seguinte.

– Parece que está tudo pronto para amanhã – disse a voz no outro lado da linha. – Mas resolvi checar mais uma vez para ver se você precisa de mais alguma coisa.

Bill estava prestes a responder quando percebeu um homem empurrando um carrinho de lixo pela porta aberta do escritório.

— Espere um minuto — disse ele, praticamente derrubando o fone ao disparar como uma flecha na direção do corredor. — Clarence! — gritou ele. — Clarence, é você?

Parando do outro lado da porta, Bill viu que no local não havia ninguém. Não havia um faxineiro nem um carrinho. Havia apenas um corredor vazio.

"Eu podia jurar que vi Clarence", pensou o presidente ao voltar para a mesa e para o telefone.

— Desculpe — disse Bill ao gerente. — Pensei ter visto uma pessoa conhecida. Onde estávamos?

— Não se incomode — replicou a voz no outro lado da linha. — Eu estava apenas checando para ver se você precisa de alguma coisa para amanhã.

— Na verdade, eu poderia usar um pouco mais de tempo. Tenho várias pontas soltas que preciso amarrar.

— Há algo que eu possa fazer para ajudá-lo? — perguntou o gerente.

— Na verdade, não — respondeu Bill. — Mas eu agradeço. Amanhã, de uma maneira ou de outra, estarei pronto.

– Ótimo! Escute, Bill – continuou o gerente –, você fez um monte de gente ficar falando sobre o seu discurso de amanhã. Eu estou de fato ansioso para obter alguma orientação e para ouvir o que você tem a dizer. Imagino que, do jeito que vai a economia e com todas as coisas que estão acontecendo no mundo agora, você certamente pode entender que as pessoas estão um pouco preocupadas sobre a direção que estamos seguindo e sobre a posição delas nisso tudo.

– Parece razoável – replicou Bill. – Eu também estou ansioso para ouvir o discurso.

Os dois homens riram. Mas o riso de Bill se misturava com as preocupações. Ele sabia que o discurso original que preparara, de alguma maneira não parecia bom à luz da incrível viagem de que ele se lembrava tão vividamente.

– Bem, então, boa sorte amanhã – disse o gerente. – Mal posso esperar para ouvir.

Bill agradeceu e desligou o telefone. Recostando-se na cadeira, começou outra vez a repassar as imagens que pareciam bombardear implacavelmente a sua consciência. Ele viu o pequeno velho faxineiro e ouviu o seu relógio barulhento. Viu o elevador e a caixa-forte com as barras de ouro nas quais estavam inscritos os valores corporativos da Treeview.

Imagens e palavras agora vinham numa velocidade maior do que a sua capacidade de apreendê-las: o museu, a guilhotina, as contradições, Karen Cooke, palavras pelas quais viver e a combinação. Isso continuou até que o relógio na parede começou a dar as horas. De súbito, como se por algum golpe do destino, ele compreendeu, compreendeu o que Clarence queria dizer ao afirmar que a combinação estaria em seu discurso. Depois de mais alguns momentos de muita reflexão, ele rasgou as anotações e atirou-as na lata de lixo.

Então, pegando um lápis e um bloco em branco, começou a escrever.

O Discurso

Na manhã seguinte, Bill chegou ao auditório quinze minutos antes da hora marcada para o seu discurso. Ele observou dos bastidores a sala encher-se rapidamente de funcionários. Enquanto o público aumentava e ia tomando seus lugares, o nível de ansiedade de Bill chegava ao auge. Ele ficou imaginando como a multidão acolheria a mensagem que passara a noite inteira preparando. Ele imaginava, e se preocupava, e andava de lá para cá.

Por fim, passado o que fora o mais longo quarto de hora de sua vida, a espera acabou. Chegara a hora.

O silêncio caiu sobre a sala quando ele se dirigiu para o pódio, colocou ali suas notas manuscritas e começou a falar.

Bom dia, ~~senhores e senhoras~~ companheiros da Treeview.
Antes de começar minhas observações, eu gostaria de lhes falar sobre uma coisa engraçada que me aconteceu a caminho do pódio...

As palavras de Bill foram imediatamente recebidas com o riso de várias pessoas da platéia, que pensaram que ele estava iniciando o discurso com a tradicional piadinha. Quando o riso cessou, ele prosseguiu.

...uma coisa engraçada de fato aconteceu comigo a caminho do pódio... Eu mudei a minha apresentação. Nas últimas semanas, tenho labutado para saber o que exatamente iria dizer a todos vocês hoje. Eu queria dizer coisas significativas e desejava que fossem coisas profundas. Para falar a verdade, eu preparara um discurso específico que ensaiei várias vezes; mas ele simplesmente não estava funcionando... simplesmente não parecia direito.

Então, ontem, enquanto eu estava aqui neste auditório praticando o meu discurso original pela última vez, algo me ocorreu. Não estou certo se vocês chamariam isso de percepção, de visão ou, simplesmente, de redescoberta do velho bom senso. Mas foi algo forte o bastante para me levar a fazer em pedaços o discurso preparado e trabalhar até tarde da noite tentando encontrar as palavras certas para compartilhar com vocês meus pensamentos e perspectivas.

Assim, se vocês me suportarem, e a esta apresentação não ensaiada, eu gostaria de falar sobre a minha concepção desta organização, um pouco sobre o passado e muito sobre o futuro.

Depois de uma pequena pausa, Bill passou metodicamente em revista uma série de dados relativos à situação financeira da empresa e prosseguiu.

Há quem, considerando as atuais realidades econômicas, sugira que a Treeview está se saindo relativamente bem. E talvez tenha razão. Mas debater esse ponto não seria produtivo, porque essa não é a verdadeira questão. O fato de a competição global e de os desafios econômicos terem chegado para ficar significa que, mesmo que seja aceitável, o desempenho de hoje não é bom o suficiente para nos sustentar no futuro. As duas perguntas mais importantes, às quais devemos dar uma resposta conjunta, são: o que vamos fazer com relação ao amanhã e como começamos a nos preparar hoje para essa realidade? A isso vou dedicar o resto do meu tempo. Imagino que, de qualquer maneira, foi para ouvir isso que vocês vieram aqui.

Bill checou rapidamente suas anotações. As palavras "Visão – O Departamento do Sucesso" evocaram um quadro mental daquele lugar especial a que ele fora – ou que talvez apenas imaginara – na última parada de sua jornada com Clarence. Com a memória plena de imagens amarelo-ouro, rostos felizes e gráficos positivos de produtividade, ele foi adiante.

Muitos de vocês estão aqui há muito mais tempo do que eu. Mas, independentemente da situação individual de cada um de nós, suspeito que compartilhamos muitas crenças e vemos esta empresa a partir de uma perspectiva semelhante. Considerando o futuro, vejo...

Enquanto falava, Bill observava lentamente o mar de rostos familiares. Alguns o lembravam experiências pelas quais tinham passado juntos. Com uma nova sinceridade em seu tom de voz, o chefe executivo passou à descrição de sua visão: uma empresa produtiva e de alta qualidade que enfrenta com sucesso os desafios do futuro mediante o recurso aos talentos existentes no interior de cada funcionário.

Bill falou de confiança, de credibilidade, de colaboração, de carência e de múltiplos outros atributos semelhantes que moldam o melhor dos ambientes de trabalho.

Então, falou sobre prosperidade... falou sobre OURO!

No decorrer do ano passado, gastei muito tempo em discussões e reuniões tentando determinar a melhor maneira de assegurar o futuro da Treeview. Lembro-me de que, numa dessas reuniões, alguém sugeriu por gracejo que precisávamos descobrir uma fortuna enterrada. Meus amigos..., ontem eu descobri essa fortuna. Trata-se de uma fortuna que não está realmente enterrada, mas que por vezes é difícil de ver.

Uma nova imobilidade acalmara a sala, e todos os olhos estavam concentrados no chefe executivo. Bill observou, contente, que Clark Spivey, do setor de compras, até ligara seu aparelho auditivo.

Reforçado pelo comportamento da multidão, Bill procurou uma prateleira dentro do pódio, pegou uma cópia enquadrada das declarações de valores da Treeview e a levantou para que todos a vissem.

Eis a fortuna de que falo! Para aqueles que não podem ver o que eu estou segurando, estes são os valores da Treeview, a nossa empresa. Eles são o <u>verdadeiro</u> ouro da nossa organização porque descrevem quem somos e o que, penso eu, todos concebemos para a Treeview. Esta fortuna tem estado aqui o tempo inteiro, e eu nunca a reconheci de modo pleno. Aliás, no tocante a isso, talvez nenhum de nós o tenha feito.

No passado, fizemos um trabalho muito melhor em termos de falar a respeito destas filosofias e destes valores do que em termos de vivê-los. Bem, isso precisa mudar – para mim e para todos nós. Juntos, haveremos de tornar o lema "faça o que diz" nossa principal prioridade de negócio. Essa me parece ser a única maneira capaz de nos permitir enfrentar os desafios do futuro – e há necessidade de começarmos AGORA MESMO!

Para fazer as coisas acontecerem e fazer que todos se envolvam com o fazer o que se diz, temos de começar com uma avaliação crítica dos valores que seguimos na Treeview. Por conseguinte, amanhã pedirei que uma força-tarefa seja formada para examinar cada uma das nossas declarações de valores. Eu gostaria que essa equipe concluísse o seu trabalho fazendo recomendações sobre o modo de se fazer uma eventual melhoria de cada declaração e sobre como cada uma delas poderia ser melhor usada como uma verdadeira diretriz capaz de nortear esta empresa. Em resumo, pessoal: se esses valores são importantes o bastante para que os publiquemos, então estes valores têm importância suficiente para que vivamos de acordo com eles.

O auditório foi tomado de excitação enquanto o chefe executivo explicava que *todos* os funcionários podiam se apresentar como voluntários para a força-tarefa e que a equipe selecionada representaria todos os níveis, todos os departamentos e todos os pontos de vista.

Embora acreditasse que os valores existentes eram adequados em sua atual redação, Bill queria ter certeza. E, o que é mais importante, ele sabia que criar a oportunidade de envolvimento em todos os níveis era a melhor maneira possível de garantir tanto o apoio como o engajamento com relação aos valores de toda a organização. Era um modo de promover a participação; era uma coisa compatível; era, na verdade, pôr em prática o "fazer o que se diz".

Então, Bill se lembrou do *Museu das Contradições Corporativas* e iniciou um novo tópico do seu discurso. Ele se recordou da depressão pela qual tinha passado ao descobrir a existência de tantas políticas e práticas contrárias às filosofias e valores corporativos da Treeview. E se lembrou daquela macabra guilhotina.

Eu gostaria que os membros da força-tarefa – bem como os outros –, depois de completarem seu trabalho inicial sobre os próprios valores, iniciassem uma análise aprofundada das políticas e práticas escritas da nossa empresa. Desejo que identifiquemos as práticas que não são compatíveis com os nossos valores declarados e consideremos todas as modificações apropriadas.

A força-tarefa iniciará o seu trabalho pelo exame de todas as nossas políticas e práticas que tenham relação com as pessoas. Esse exame vai incluir a revisão das regras de trabalho, dos procedimentos disciplinares e de outras práticas que, como vim a acreditar, podem ser as mais incompatíveis com os valores que exibimos com tanto orgulho nas paredes de toda a empresa.

Descrevendo a maneira pela qual a força-tarefa também iria examinar o processo de avaliação de desempenho da Treeview, Bill passou ao tópico da responsabilidade.

A partir de hoje, todas as pessoas da Treeview também terão atribuído a si um grau mais alto de responsabilidade. Em termos específicos, isso significa que todos vão ser avaliados não somente a partir de medidas objetivas do tipo resultados da produção, como também a partir de medidas subjetivas do tipo comportamento perante os outros, dos clientes aos colegas.

As nossas atuais descrições de cargos identificam as funções específicas que desempenhamos. Mas são os nossos valores que descrevem de que modo devemos realizar essas funções. Praticar os valores que compartilhamos é uma parcela importante do trabalho de todo funcionário.

Bill deixou muito claro que todos passariam a ser avaliados com base no desempenho fundamentado nos valores e que o processo começaria por avaliações da administração.

Enquanto falava, Bill percebeu que Sally Wilson e Jim Gould, os dois do departamento de atendimento ao cliente, trocaram um sorriso. Bem dentro de si, ele sabia que Clarence também estava sorrindo.

Com uma confiança cada vez maior e uma sensibilidade recém-descoberta, o presidente abordou um componente importante da responsabilidade organizacional: a avaliação das percepções dos funcionários. Ele recordou uma pesquisa sobre o ambiente de trabalho que fora realizada em segredo. Dando-se conta de que não se fizera nenhuma coisa substantiva com os dados coletados, ele assumiu diante da assembléia o compromisso de que, dessa vez, as coisas seriam diferentes.

Também vamos formar uma outra força-tarefa para avaliar sob uma nova ótica os resultados da pesquisa sobre o ambiente de trabalho realizada há seis meses. Cada um de vocês tem um ponto de vista significativo a respeito do grau em que estamos ou não fazendo o que dizemos. É vital, em primeiro lugar, que saibamos de que maneira vocês percebem as coisas e, em segundo, que utilizemos essas informações para ajudar a moldar a Treeview que todos nós concebemos.

Bill concluiu esses comentários sugerindo que as percepções dos funcionários eram tão importantes – se não mais – quanto quaisquer outros dados relativos ao desempenho e à responsabilidade que a Treeview pudesse coletar. Ele garantiu que os funcionários não apenas teriam oportunidades semelhantes em termos de resposta às suas manifestações no futuro, como também estariam engajados em auxiliar a empresa a determinar o significado exato dessa resposta.

Então, depois de fazer a sugestão de que as transformações que mencionara até aquele momento eram apenas o começo, ele se dedicou a falar de uma outra iniciativa.

Hoje mesmo, pela manhã, pedi a Carol Chandler, nossa vice-presidente de recursos humanos, que começasse a trabalhar imediatamente com a equipe de treinamento a fim de submeter a uma reformulação nossos atuais programas e currículos educacionais. Sua tarefa decisiva será assegurar que TODAS as atividades de treinamento estejam especificamente voltadas para os nossos valores na Treeview e lhes dêem apoio.

Nesse ponto, Bill se lembrou de um pequeno peso de papel que estava sobre a mesa de Karen Cooke e que tinha a inscrição "Você Obtém Aquilo Para que Treinou". E ele se lembrou da terceira regra de Karen para fazer o que se diz: *mostro-lhes como fazer*. "Se vamos esperar que o nosso pessoal viva de fato os nossos valores na Treeview", ele pensara a noite passada enquanto preparava o seu discurso, "devemos mostrar a eles como fazê-lo." Bill decidira que, a partir daquele dia, o treinamento se tornaria uma atividade mediante a qual as pessoas aprenderiam a *aplicar* valores em vez de simplesmente explicá-los.

Fazendo uma pequena pausa para dar uma olhada nos olhos agora confiantes dos seus funcionários, Bill sentiu um aguilhão de culpa. O próximo assunto de que trataria apresentava para ele uma dificuldade particular. "Quantas vezes", imaginara ele a noite passada, "estive em reuniões em que os nossos valores estavam bem à minha frente, pendurados na parede? E quantas vezes eu os deixei de lado, sem incluí-los no processo decisório?" O número, concluíra ele cheio de arrependimento, era grande demais para contar. Ele tinha de supor que os gerentes e supervisores tivessem desenvolvido o mesmo hábito. Sabia como era fácil cair nessa armadilha. Esgueirar-se para fora dela seria muito mais difícil.

Acredito que o verdadeiro propósito subjacente aos valores que adotamos é orientar tanto os nossos comportamentos como as nossas decisões. Para falar a verdade, nem todas as decisões que tomarmos serão perfeitamente compatíveis com os nossos valores: temos, no entanto, de evitar decisões que entrem em conflito direto com eles. Em conseqüência, hoje me comprometo publicamente com vocês a avaliar todas as futuras decisões em que estiver envolvido com base nos nossos valores antes de elas serem concluídas.

Tornar a atitude de fazer o que se diz a nossa prioridade número um é uma boa idéia que por justiça tem de começar no topo. Os planos iniciais que hoje esbocei são somente algumas das coisas que vocês podem esperar de mim. Entretanto, assegurar que vamos fazer o que dizemos não é algo cuja responsabilidade caiba apenas a mim. Trata-se de uma coisa que temos de conseguir juntos. E, da mesma maneira como têm expectativas acerca de mim, vocês têm de tê-las uns acerca dos outros.

Bill finalmente conseguira compreender o que Clarence queria dizer ao falar da "combinação" que dava acesso ao ouro. Trata-se de uma *combinação* de coisas que têm de ser feitas por uma *combinação* de pessoas. E, como Willie LaRue sugerira com tanta propriedade em seu plano de jogo, era algo que só poderia ser conseguido respeitando-se a regra "prefira a regularidade a belas jogadas raras".

Como todos na Treeview seriam responsáveis pela atitude de fazer o que se diz, cabia a Bill agora enfocar a maneira pela qual cada grupo de funcionários tinha de contribuir para o amplo quadro que ele descrevera. Ele dirigiu a série seguinte de comentários aos gerentes, aos supervisores e aos colaboradores individuais, respectivamente.

O desafio que apresento aos gerentes da Treeview é descrito com facilidade: dirijam seus departamentos de acordo com as regras. As regras a que me refiro são os nossos valores comuns. E eu os desafio a fazê-lo não porque vocês vão passar a assumir um grau mais alto de responsabilidade, embora isso seja por certo uma razão capaz de justificá-lo, mas porque essa é a coisa correta a fazer.

Vejam bem, a nossa empresa é uma grande organização constituída de inúmeros departamentos e divisões. Com poucas exceções, o departamento de cada um É a Treeview, e cada funcionário haverá de julgar o crédito que merecem as palavras que eu disse hoje com base naquilo que acontecer em seu pedaço particular da organização. Portanto, é fundamental que os gerentes garantam que os seus departamentos procurem alcançar aquilo que dizemos que a nossa empresa deseja alcançar. Em outras palavras, não é suficiente fazer o que se diz apenas no nível corporativo geral. Essa atitude tem de ser uma realidade também no nível de cada departamento.

Bill se recordou de que as regras formuladas por Karen Cooke para fazer o que se diz exemplificavam a maneira pela qual os gerentes deveriam desenvolver planos pessoais para fazer dos seus departamentos modelos de comportamento baseado em valores. Ele passou a explicar o modo pelo qual cada papel departamental dos gerentes refletia o seu próprio papel de presidente na organização como um todo.

As funções clássicas da administração, como o planejamento, a organização e o controle, são essenciais para o sucesso, mas desprovidas de uma meta se não lhes for proporcionado um contexto significativo. Para vocês, assim como para mim, e a partir de agora, esse contexto tem de ser os nossos valores.

Muitas práticas vigentes na nossa organização não são governadas por uma política ou por um procedimento escrito. Por conseguinte, o mero seguimento das recomendações de mudança de política feitas por uma força-tarefa não será capaz de garantir por inteiro a real adoção da atitude de fazer o que se diz. Cada gerente e cada departamento devem tomar a seu cargo o trabalho no ponto em que a força-tarefa o deixar.

Temos de examinar as regras e práticas não escritas que se manifestam cotidianamente, bem como descobrir meios de realizar os ajustes necessários.

Enquanto vocês e suas unidades empresariais se empenharem continuamente no sentido de aumentar a produtividade, é recomendável que se acautelem de modas que prometem fazer tudo com rapidez e perfeição e das soluções instantâneas. Sob muitos aspectos, creio que fomos acometidos pela síndrome do "programa do ano". Talvez tenhamos sido programados para morrer, e é chegada a hora de voltar às coisas básicas que nunca sobreviveram à sua utilidade para nós: nossos valores comuns.

Olhando diretamente para o rosto de Bob Burnett, um supervisor muito respeitado da Treeview, Bill lembrou-se dos desafios que ele mesmo tinha enfrentado no início da sua carreira. Ele se recordou da frustração advinda da sensação de sentir-se preso numa posição intermediária: os funcionários o viam como a administração; esta o via mais como um funcionário, enquanto ele via a si mesmo como as duas coisas... e nenhuma delas.

Ele concluiu que, mais do que identificar a que grupo pertencem os supervisores, o fator efetivamente importante é dar-lhes a orientação e os instrumentos necessários para que alcancem o êxito em seus cargos tão freqüentemente cheios de dificuldades. E isso, percebeu Bill, implicaria superar a tradição.

Quando se trata de viver os nossos valores, não pode haver uma função mais crítica do que a do supervisor direto. Como os funcionários têm um contato mais regular com vocês do que com qualquer outra pessoa na Treeview, vocês têm a maior oportunidade, e uma responsabilidade deveras importante, de concretizar a atitude de fazer o que se diz.

Alguns de vocês podem ter aprendido a tarefa de supervisão de acordo com o velho modelo "meu jeito ou a porta da rua". E podem estar sentindo que estamos mudando as regras do jogo em prejuízo de vocês. Bem, estamos mudando as regras, mas as estamos alterando para todos.

A razão para isso é simples: o modo de administração de ontem não somente não funciona com a força de trabalho de hoje como também é incapaz de nos levar até o amanhã. A mudança, como vocês sabem, é um fato da vida. E quando essa modificação envolve uma prática mais aperfeiçoada daquilo em que acreditamos, vocês hão de convir que tem de ser uma alteração para melhor.

Bill reconheceu que, de muitas maneiras, os supervisores e gerentes já faziam o que diziam. Ele tinha certeza, entretanto, de que a prática coerente dos valores estava longe de ser a norma na Treeview.

No início da minha carreira, quando tinha o cargo de supervisor de departamento, eu desejava um livro de receitas que me ajudasse a desvendar os mistérios da administração de pessoal. Mais tarde – depois de anos de busca infrutífera –, cheguei à conclusão de que não existia um livro dessa espécie. Meus amigos, ontem eu descobri que estava enganado. Encontrei esse livro, e o seu título é "Valores da Treeview".

Bill também lançou um desafio a todos os supervisores: o de seguir o plano de jogo modificado de um jogador de beisebol semiprofissional que ele encontrara apenas uma vez, mas que nunca esqueceria.

Ajam de acordo com os valores e façam todo o esforço possível para não ficarem apontando o dedo para os outros ou esperando que eles comecem a agir. Concentrem-se em muitas ações pequenas, e não numas poucas ações de grande monta. Tratem todos como vencedores, assegurem-se de que obtenham a informação de que precisam para fazer o seu trabalho e permitam que todos os funcionários compartilhem do sucesso.

Um par de olhos se arregalou, esperançoso, diante deste último comentário. Bill viu Glenda Thompson, funcionária da área de contabilidade que alimentava a esperança de ser promovida a supervisora dentro de alguns meses. Enquanto ela inclinava a cabeça para ouvir com mais atenção, Bill teve o desejo de que ela partilhasse das concepções dele e estivesse concebendo maneiras de transformá-las em realidade.

A maioria de vocês, que não é nem gerente nem supervisor, pode estar imaginando que papel vai desempenhar nesse esforço. É a vocês que lanço o maior desafio de todos. E esse desafio consiste em evitar o pressuposto de que fazer o que se diz é responsabilidade exclusiva da administração. Como o sucesso desta organização depende de todos, peço a cada um de vocês que compartilhe não apenas a concepção como também a responsabilidade de fazer dela uma realidade.

Bill não se esquecera da história da Treeview. Ele tinha conhecimento de que o público já ouvira palavras como aquelas antes. Com demasiada freqüência, as expectativas dos funcionários tinham sido despertadas apenas para serem destruídas pela fria realidade do não cumprimento de promessas. Era de esperar uma atitude de ceticismo. Mas o ceticismo, concluíra ele, advém da crença do indivíduo de que *uma outra pessoa* é responsável pela ação. Ninguém é cético com relação a si mesmo.

A tarefa ficara clara: tornar os funcionários parceiros e partícipes do esforço de mudança e ter como foco as suas responsabilidades enquanto tais.

Ontem aprendi uma valiosa lição com uma pessoa a quem nunca conheci. Essa pessoa é Mike O'Toole, um funcionário que, como muitos de vocês, não ocupa funções de administração. Mike trabalha com base num princípio simples que me foi transmitido. E eu gostaria de transmiti-lo agora a vocês.

Mike acredita que obtemos o direito de esperar que os outros façam coisas quando nós mesmos fazemos primeiro essas coisas. Creio que Mike está certo e que ele descobriu o segredo da atitude de fazer o que se diz.

Bill descreveu o modo pelo qual esse princípio simples constitui o cerne da atitude de fazer o que se diz. Os valores são vividos, sugeriu ele, quando as pessoas tomam a iniciativa de vivê-los.

Para garantirmos que a Treeview esteja preparada para enfrentar com êxito os desafios do futuro, é absolutamente fundamental que evitemos o pensamento baseado no lema "Você primeiro". Se esperarmos que outras pessoas comecem, perderemos o controle do nosso próprio destino.

Visão sem ação não tem significado. Se há uma coisa que não podemos nos dar ao luxo de fazer é esperar.

Em termos específicos, peço a cada um de vocês que hoje estão aqui que faça aquilo que me comprometo a fazer: examinar os valores comuns da Treeview e perguntar a si mesmo de que maneira poderia contribuir para a sua aplicação.

O que vocês podem fazer para promover a confiança e o respeito mútuo? Como vocês podem ajudar a garantir um local de trabalho seguro e eficiente? O que vocês podem fazer a partir de hoje para trabalhar num ambiente de parceria? Haverá maneiras pelas quais vocês possam contribuir para o bem-estar da nossa comunidade, aperfeiçoar as nossas relações com os clientes ou melhorar a qualidade dos nossos produtos e serviços?

Cada um de nós tem atribuída a si uma responsabilidade, e tem diante de si uma oportunidade significativa de assumir o controle e fazer as coisas acontecerem. São os nossos comportamentos e ações individuais que, em conjunto, nos conferem a mais importante chance de viver na prática os nossos valores e de garantir a continuidade do nosso sucesso.

Tornar a atitude de fazer o que se diz a nossa principal prioridade na empresa é algo que vai envolver inúmeras espécies e graus de mudança. No momento em que começamos a empreender essa estimulante jornada, creio ser prudente repassar a natureza da própria mudança.

Enquanto falava, Bill tinha rápidos vislumbres da jornada mágica que o tornara mais sensível às tendências humanas. Reconhecendo a resistência natural à mudança, ele lembrou ao seu público que o processo costuma ser lento e doloroso, exigindo que as pessoas abandonem os próprios hábitos que lhes conferem tranqüilidade e estabilidade.

E ele encerrou seu discurso advertindo o auditório a não esperar a perfeição.

Nenhuma empresa, incluindo a Treeview, pôde agir alguma vez de maneira totalmente compatível com os seus próprios valores. Os seres humanos são imperfeitos, e por isso também o são as organizações por eles criadas. Os nossos esforços para viver de maneira mais plena os nossos valores serão acompanhados de imperfeições. Mas se encararmos essas imperfeições e ocasionais erros com persistência e paciência, liberaremos os verdadeiros tesouros que há na Treeview. Caros companheiros, é chegado o momento de todos nós <u>fazermos o que falamos</u>. Agradeço a todos.

Os aplausos que se seguiram às suas últimas palavras indicaram a Bill que a sua mensagem fora bem recebida e apreciada. Enquanto juntava as suas anotações e se preparava para ir embora, ele foi cercado por um grande número de pessoas que subiram ao palco tanto para cumprimentá-lo como para exprimir sua gratidão. O chefe executivo tinha plantado uma semente de otimismo que os funcionários de todos os níveis e departamentos se mostravam prontos a alimentar e colher. Mesmo aqueles cuja reação não chegara a um grande entusiasmo reconheciam que aquele discurso era um tanto diferente da ''velha coisa de sempre''.

— Foi um discurso fabuloso — disse o gerente de manutenção, que encontrara o presidente na saída do palco. — Eu sei que você estava preocupado com isso há várias semanas, mas você de fato conseguiu acertar na mosca hoje.

— Obrigado — replicou Bill. — Mas na verdade eu não posso receber todo o crédito. Ontem recebi uma grande ajuda de uma pessoa muito sábia.

— Quem? — perguntou o gerente.

— Acredite ou não, foi um faxineiro. Seu nome é Clarence.

— Que coincidência! — retrucou o gerente.

— O que você quer dizer?

— Tivemos um faxineiro aqui chamado Clarence, um sujeito pequeno com um relógio de bolso de ouro que de vez em quando fazia um barulhão.

— É ele mesmo! — exclamou o presidente. — Você sabe onde posso encontrá-lo? Eu realmente gostaria de lhe agradecer.

A resposta do gerente às palavras de Bill foi um olhar vazio.

— Qual é o problema? — perguntou o chefe executivo.

— Não podemos estar falando da mesma pessoa. O Clarence a que me refiro faleceu há dois anos.

Perplexo com a réplica do gerente, Bill deixou o palco e dirigiu-se ao escritório.

"Não é possível", pensava ele enquanto andava, "conhecer um homem que já não existe. Não há elevador no auditório. E tudo aquilo não poderia ter acontecido em apenas um minuto." Agora ele tinha certeza de que a viagem cuja lembrança era tão vívida na realidade nunca ocorrera.

Mais do que tudo, Bill estava entristecido ao perceber que não existia nenhum Clarence, pois essa era a imagem de um homem que ele passara a conhecer e a respeitar.

— Parabéns! — disse a assistente de Bill quando ele entrava no escritório. — Foi um discurso empolgante. Estou realmente animada com o nosso futuro.

— Obrigado, Maria. Agradeço muito.

— A propósito — continuou a assistente —, acho que alguém deixou uma coisa para você. Está na sua mesa.

Bill logo encontrou o objeto a que Maria se referia. No meio do mata-borrão havia um relógio de bolso de ouro. Quando o presidente o pegou, ele começou a fazer o seu ruído característico.

Epílogo

Uma mensagem ao leitor... de Clarence

Espero que você tenha gostado da jornada que fiz com Bill Elby. Mais importante do que isso, porém, espero que você tenha aprendido algo com ela.

Como você sabe, esta não foi a história de apenas uma organização chamada Treeview nem de um executivo particular chamado Bill. Na realidade, trata-se da história de todas as organizações; e a sua mensagem se destina a todas as pessoas que fazem essas organizações funcionarem e crescerem todo santo dia.

Os lugares a que levei Bill e as pessoas que encontramos ao longo do caminho existem em toda empresa. Eles podem parecer um tanto diferentes, mas, acredite-me, estão em cada uma delas. Cabe a você encontrá-los e aprender com eles.

O que se diz em sua empresa pode ser diferente do que se diz na Treeview. E o modo pelo qual você faz o que se diz pode diferir do de Karen Cooke, Willie LaRue, Mike O'Toole e Bill Elby. Mas isso não importa. O que de fato tem importância é que você descubra sua própria maneira de fazer o que diz, qualquer que ela possa ser.

Quer você seja um colaborador individual, um supervisor, um gerente ou mesmo um faxineiro, nunca se esqueça de que é responsável por fazer as coisas acontecerem. Palavras pelas quais viver são apenas palavras a não ser que VOCÊ viva por elas.

Por fim, sempre que você ouvir um ruído de relógio, um sino ou um alarme, espero que pense em mim e em meu relógio. Esse som significa que é hora de seguir em frente... é hora de *fazer o que se diz*!

Coletânea de Citações de Faça o que Diz

*Palavras são apenas palavras
quando não se pode aplicá-las na vida.
É preciso fazer o que se diz.*
página 21

*Quando você quebra uma promessa, o que
é quebrado é mais que uma promessa.*
página 22

*Os valores são o ouro que há
em cada um de nós. Eles são a verdadeira
fortuna da nossa organização.*
página 35

*Quando falamos sobre valores,
estamos apenas sentados sobre uma fortuna.
Quanto mais os praticamos, tanto maior
a quantidade de ouro que tiramos da caixa.*
página 38

*Mesmo uma fortuna pode
acumular poeira se se deixar.*
página 39

*Quando fazemos uma promessa,
temos de cumpri-la.*
página 41

*Julgamo-nos
principalmente pelas nossas intenções,
mas os outros nos julgam
principalmente pelas nossas ações.*
página 50

*As pessoas ouvem o que dizemos,
mas vêem o que fazemos.
E ver é crer.*
página 55

*Não estou falando de
incomodar as pessoas.
Estou falando de
SE importar COM as pessoas.*
página 59

*Algumas vezes, seja o que
quer que façamos, nossas cabeças vão rolar.
E tudo o que acontece na empresa
tem repercussões sobre o resto.*
página 60

*Os programas geralmente fracassam por uma de
duas razões. Ou já eram, desde o início,
uma má idéia ou eram boas idéias
inadequadamente utilizadas.*
página 63

*Boas coisas acontecem
quando você faz com que essas
boas coisas ACONTEÇAM.*
página 71

*Quanto melhores os meios,
tanto melhores os fins.*
página 80

*Digo "bom trabalho" a quem
faz um bom trabalho.*
página 80

Se não é capaz de fazer, não o diga.
E se não é capaz de dizê-lo,
nem entre no jogo.
página 83

Não se podem fazer grandes coisas
todos os dias. Se, de fato, levarmos a sério
a idéia de se fazer o que se diz o tempo todo,
teremos de nos concentrar nas pequenas coisas.
página 89

Ganhamos o direito de esperar
que os outros façam coisas quando fazemos
pessoalmente essas coisas.
página 92

Parece-me que o mundo real nada mais é
que um conjunto de ações.
Os nossos valores só se tornam parte do
mundo real
quando fazemos o que dizemos.
página 93

*As duas perguntas mais importantes,
às quais devemos dar uma resposta conjunta, são:
o que vamos fazer com relação ao amanhã
e como começamos a nos preparar hoje
para essa realidade?*
página 109

*Se esses valores são importantes
o bastante para que os publiquemos,
então estes valores têm importância suficiente
para que vivamos de acordo com eles.*
página 113

*As nossas atuais descrições de cargos
identificam as funções específicas que
desempenhamos. Mas são os nossos valores
que descrevem de que modo devemos
realizar essas funções.*
página 115

*O verdadeiro propósito subjacente aos
valores que adotamos é orientar tanto os
nossos comportamentos como as nossas decisões.*
página 119

*É fundamental que os gerentes garantam
que os seus departamentos procurem alcançar
aquilo que dizemos que a nossa empresa
deseja alcançar.*
página 121

Visão sem ação não tem significado.
página 128

*Nossos esforços para viver
de maneira mais plena
os nossos valores serão
acompanhados de imperfeições.
Mas se encararmos essas imperfeições
e ocasionais erros com persistência e
paciência, liberaremos os verdadeiros tesouros...*
página 130

Sobre os Autores

Eric L. Harvey

Experiência Editorial

Eric L. Harvey, Presidente e Chefe Executivo da Performance Systems Corporation, é autor de inúmeros artigos que tratam do "lado pessoal dos negócios". Especializado nas áreas da disciplina, da avaliação do desempenho e da resolução de conflitos, vinculadas com a administração de recursos humanos, Eric há mais de vinte anos se dedica a ajudar corporações a fazer que suas práticas de pessoal sejam compatíveis com suas concepções e valores corporativos. Artigos sobre Eric Harvey e por ele escritos têm sido publicados em *The Wall Street Journal, Harvard Business Review, Business Week, Executive Excellence, Industry Week e Management Review*. Ele também é autor de dois outros livros: *Discipline Without Punishment* e o premiado *PEER REVIEW: The Complete Guide*.

Experiência em Consultoria e Administração

A formação de Eric Harvey é uma combinação prática de experiência direta em áreas que vão da supervisão da produção às relações trabalhistas e a cargos de administração de treinamento em várias corporações importantes, incluindo a Champion International e a Johnson & Johnson. Ele é co-fundador da Performance Systems Corporation, empresa há quinze anos especializada na consultoria de recursos humanos.

Inovador para Clientes

Na qualidade de orador, autor e educador nacionalmente conhecido e respeitado, Eric é pioneiro na concepção de tecnologias inovadoras na área de recursos humanos que têm ajudado organizações com a Exxon, Procter & Gamble, Shell Oil, AT&T, General Electric, American Airlines e *The Washington Post* na tradução de boas idéias acerca da administração de pessoal na prática cotidiana.

Dados Pessoais

Eric Harvey graduou-se na Universidade do Texas e tem sido professor adjunto nas Universidades do Alabama e Trinity em seus programas de pós-graduação. Vive com a esposa Nancy e as filhas Nicole e Erika em Highland Village, Texas.

Alexander D. Lucia

Experiência Profissional

Alexander D. Lucia é Vice-Presidente Executivo da Performance Systems Corporation. Trabalhou antes na Ford Motor Company e na American Medicorp nas áreas administrativas do recrutamento, da administração de salários, do planejamento organizacional, dos benefícios e das relações trabalhistas. A dedicação de vinte anos ao campo dos recursos humanos de Al tem como pontos altos as muitas iniciativas bem-sucedidas de desenvolvimento administrativo e de mudança de cultura corporativa para empresas dos Estados Unidos e do Canadá. Sua lista de clientes inclui corporações importantes como a General Electric, a Exxon, a Amoco e a Martin Marietta.

Tecnologia e Desenvolvimento de Produtos

Em parceria com Eric Harvey, Al Lucia desenvolveu duas das mais bem-sucedidas tecnologias de recursos humanos da Performance Systems: POSITIVE DISCIPLINE® e PEER GRIEVANCE REVIEW®.

Perspectiva Diversificada

Al Lucia tem trabalhado no nível da administração corporativa, no nível das divisões e no das instalações. Tem prestado serviço em ambientes domésticos e internacionais, em setores industriais e de serviços, com pequenas e grandes organizações e em contextos com e sem a presença de sindicatos. É, portanto, conhecedor dos níveis da alta administração, da administração média, da supervisão e dos cargos não-administrativos.

Dados Pessoais

Depois de bacharelar-se em Administração na Universidade Drexel, de Filadélfia, Al fez estudos de pós-graduação na área de Relações Industriais na Universidade Temple. Vive com a esposa Susan em Oxford, Pensilvânia, sede das operações da Costa Leste da Performance Systems.

A Performance Systems Corporation é uma empresa de consultoria em administração que se especializou em ajudar as organizações a compatibilizar suas práticas de administração de pessoal com as concepções e valores do presente visando obter o sucesso no futuro. Para mais informações sobre os nossos inovadores sistemas e serviços de administração de recursos humanos, contate:

Performance Systems Corporation
2925 LBJ Freeway, Suite 201
Dallas, Texas 75234 USA
(800) 888-2811

Como tirar o melhor proveito de...
FAÇA O QUE DIZ...

Nós sabemos que você é uma pessoa muito ocupada. Por isso, *Faça o Que Diz...* foi publicado para ser uma "leitura rápiada". Você poderá ler todo o livro mais ou menos em duas horas.

Eis aqui algumas sugestões para ajudá-lo a tirar mais proveito deste volume, repleto de boas idéias e de ótimas sugestões:

1. Leia-o diretamente do princípio ao fim, de capa a capa, para "senti-lo e se divertir".

2. Leia-o uma segunda vez usando um marcador colorido ou um lápis. Faça anotações acerca dos pontos significativos e dos desafios que ele apresenta, tanto para você como para a sua organização ou empresa.

3. Escolha duas ou três idéias ou sugestões com as quais gostaria de trabalhar durante os próximos 30 dias. Anote-as dia-a-dia na sua agenda durante um mês, a partir de hoje.

4. Comprometa-se a pô-las em prática. Depois de 30 dias, reveja sua lista e anote as mudanças comportamentais, suas ou dos outros, conquistadas graças à aplicação desses princípios.

5. Finalmente, volte à terceira etapa.

* * *

Faça o Que Diz... é ao mesmo tempo uma inspiração e uma advertência. O livro traz uma mensagem intemporal para todos os tipos de negócios, ou seja, a de que a empresa é mais do que os prédios, mais do que os balanços e as linhas de produção; as pessoas e seus valores são os recursos que produzem duradouras vantagens competitivas.

Frank K. Sonnenberg, Presidente da RMI Marketing
& Advertising e autor de *Marketing do Win*.

Até que ponto o nosso comportamento corporativo é compatível com os nossos valores? Eis um assunto difícil de ser enfrentado por qualquer autor. *Faça o Que Diz ...* aceita esse desafio e consegue ter sucesso. Recomendo-o enfaticamente.

Al Berstein, co-autor de *Dinosaur Brains* e *Neanderthals at Work*.

Eric L. Harvey, Presidente e Diretor Executivo da Performance Systems Corporation, é o autor de *Discipline Without Punishment* e vencedor do prêmio PEER REVIEW: The Complete Guide. Numerosos artigos escritos por ele e sobre ele podem ser lidos nas seguintes publicações: *The Wall Street Journal, Harvard Business Review, Business Week, Executive Excellence, Industry Week* e *Management Review*

Alexander D. Lucia é Vice-Presidente Executivo da Performance Systems Corporation. Antigo colaborador da Ford Motor Company e da American Medicorp, sua história de vinte anos na área de recursos humanos está repleta de iniciativas bemsucedidas no desenvolvimento do gerenciamento e de mudanças culturais para grandes firmas através dos Estados Unidos e do Canadá. Sua lista de clientes inclui firmas notáveis como General Electric Exxon, Amoco e Martin Marietta.

A ESTRATÉGIA DO GOLFINHO:
A Conquista de Vitórias num Mundo Caótico

Dudley Lynch e Paul L. Kordis

"Eis aqui idéias que... podem levar as pessoas que trabalham em empresas a ter uma vida mais plena de realizações, eliminando os medos e as inibições que caracterizam tão bem a atividade empresarial."

MILTON MOSCOWITZ, autor de
The 100 Best Companies for in America.

"Lynch e Kordis, em *A Estratégia do Golfinho*, desenvolveram os conceitos que tenho adotado na minha prática de consultoria, levando-os a um ponto de congruência 'quase perfeito'".

JAMES L. MURPHY, diretor-executivo, de liderança e desenvolvimento organizacional da U.S. West, Inc., em Denver.

"*A Estratégia do Golfinho* analisa um novo e engenhoso meio de preparar líderes empresariais para aquele audacioso mas excitante 'Novo Dia'. Os professores de todas as faculdades de administração de empresas do país precisam prestar atenção neste livro."

DON EDWARD BECK,
National Values Center.

"A melhor aplicação de estratégias pós-New Age para administração que já conheci."

WARREN BENNIS, eminente professor de administração de empresas da University of Southern California.

"*A Estratégia do Golfinho* é um manual prático e orientado para os negócios que ensina como ser pessoal e institucionalmente mais receptivo a este novo mundo que está se formando."

RICHARD LAMM,
Center for Public Policy and Contemporary Issues.

"*A Estratégia do Golfinho* é sabedoria prática posta numa forma simples e divertida. É um livro obrigatório."

WILLIS HARMAN,
presidente do Instituto de Ciências Noéticas e co-autor de
O Trabalho Criativo, publicado pela Editora Cultrix, São Paulo.

EDITORA CULTRIX

INTUIÇÃO

A Nova Fronteira da Administração

Jagdish Parikh

em colaboração com
Friedrich Neubauer e Alden G. Lank

O assunto Intuição está-se transformando rapidamente num elemento-chave para o raciocínio e a prática dos negócios. A abordagem convencional da administração com base na solução analítica dos problemas não pode mais enfrentar o aceleramento das mudanças, da complexidade, das incertezas e dos conflitos relacionados com a moderna organização das empresas.

Intuição apresenta uma estrutura conceitual abrangente do assunto, bem como uma aplicação material ampla, especialmente para a criação de uma visão corporativa e integrativa. Essa estrutura está fundamentada numa análise global de mais de 1.300 empresas em nove países – Austrália, Brasil, França, Índia, Japão, Grécia, Suécia, Holanda, Grã-Bretanha e Estados Unidos da América. Os resultados dessa análise fornecem:

- uma avaliação objetiva e subjetiva dos níveis individuais de intuição;
- definições e descrições do que é a intuição;
- o uso da intuição na vida pessoal e profissional;
- exemplos específicos da aplicação da intuição.

Esse valioso corpo de informações, e sua análise, será um recurso vital, não só para a administração de empresas e para uso de educadores administrativos, mas também para todos os que se interessam pela crescente importância da intuição nos estilos emergentes de vida. *Intuição* ajudará os administradores a cuidar de seus próprios processos intuitivos e dos das outras pessoas em suas organizações.

EDITORA CULTRIX

O DINHEIRO É MEU AMIGO

Phil Laut

DESCUBRA COMO O PRINCÍPIO DO PRAZER PODE AJUDAR VOCÊ A OBTER LUCRO, ESTABELECER SÓLIDAS BASES FINANCEIRAS E CRIAR UM FUTURO PRÓSPERO PARA SI E PARA A SUA FAMÍLIA.

Ganhar dinheiro pode ser uma atividade divertida, fascinante e criativa. Phil Laut, cujos seminários sobre finanças têm ajudado milhares de pessoas, em todos os ramos da vida, a aumentar impressionantemente seus rendimentos, demonstra como você pode superar os obstáculos principais para ganhar dinheiro: a culpa, o medo e os sentimentos de impotência ou de pressão.

Uma vez que você tiver feito do dinheiro seu amigo, irá descobrir que aumentar sua renda é uma simples questão de usar a imaginação.

Neste livro, único no gênero, você encontrará exercícios e testes para ajudá-lo a entender e a utilizar:

⑨ As quatro Leis da Riqueza ⑨ O método de seis passos para desenvolver um objetivo na vida ⑨ O plano de sete estágios para encontrar a carreira perfeita para você ⑨ As doze técnicas para criar uma nova imagem de si mesmo ⑨ As quinze afirmações para mudar sua maneira de pensar sobre o dinheiro ⑨ E muito mais!

EDITORA PENSAMENTO